Explorando algunos temas de arqueología

Ana M. Aguerre
José Luis Lanata
Compiladores

Temas de cátedra

BIBLIOTECA de EDUCACIÓN

BIBLIOTECA de EDUCACIÓN

SERIE TEMAS DE CÁTEDRA

Las obras reunidas en esta serie son fruto de un esfuerzo compartido entre la Facultad de Filosofía y Letras de la Universidad de Buenos Aires y la Editorial Gedisa. TEMAS DE CÁTEDRA fue creada para dar lugar a textos introductorios escritos por profesores de diversas áreas de las Humanidades y concebidos especialmente para estudiantes universitarios. Incluye obras breves y accesibles, que abordan de manera original las actuales discusiones de cada disciplina.

Explorando algunos temas de arqueología

Ana M. Aguerre
José Luis Lanata
Compiladores

Universidad de Buenos Aires
Facultad de Filosofía y Letras

gedisa
editorial

Diseño de cubierta: Sebastián Puiggrós

Primera edición: Marzo de 2004, Barcelona

Derechos reservados para todas las ediciones en castellano

© Editorial Gedisa, S.A.
Paseo Bonanova, 9 1º-1ª
08022 Barcelona, España
Tel. 93 253 09 04
Fax 93 253 09 05
Correo electrónico: gedisa@gedisa.com
http://www.gedisa.com

ISBN: 84-9784-022-4

Impreso por: Indugraf S.A.
Sanchez de Loria 2251/67
(1241) (Buenos Aires)

Impreso en Argentina
Printed in Argentina

Índice

I
ARQUEOLOGÍA Y TEORÍA

II
ESTUDIAR EL PRESENTE PARA COMPRENDER
EL REGISTRO ARQUEOLÓGICO

III

LOS COMIENZOS DEL COMPORTAMIENTO MODERNO

Prefacio

Después de casi dos décadas de dictar Fundamentos de Prehistoria en la Universidad de Buenos Aires nos decidimos a enfrentar este desafío. Durante todo ese tiempo muchos han sido los cambios y modificaciones que introdujimos en la forma de acercarnos a los alumnos de la carrera de Ciencias Antropológicas. La tarea no era sencilla, ya que por nuestra cátedra pasan no sólo los futuros arqueólogos sino también algunos estudiantes indecisos y los que siguen otras orientaciones. Por lo tanto, nuestro auditorio es siempre muy heterogéneo, lo que hace que el mensaje que debemos hacerles llegar sea claro, simple y directo. Y más aún si se considera que nuestra responsabilidad es mostrar el desarrollo de la humanidad a lo largo de los últimos tres millones de años. Para muchos, «Fundamentos», como la conocen los estudiantes, es la única oportunidad de tener contacto con los temas que tratamos.

Estamos muy reconocidos a los colegas de la cátedra que contribuyen con sus trabajos en este libro. Pertenecemos a distintas generaciones –algunos fueron alumnos nuestros– y este es un esfuerzo poco común en nuestro medio. Pero todos coincidimos en querer transmitir a los estudiantes que la arqueología se puede llevar a cabo y que la pasión existe. Como americanos, consideramos que los temas que desarrollamos tienen una importancia intrínseca en muchas esferas. Estas abarcan desde el problema de la dispersión humana en nuestro continente hasta el afianzamiento de nuevas metodologías y el desarrollo de la teoría arqueológica como un proceso científico per se y sin distinción de nacionalidades o regionalismos. Esperamos tratar en próximas obras problemas y temas más detallados.

Quizá deban los colegas de otros países disculpar nuestra osadía por escribir sobre temas que puedan parecerles distantes de nosotros. O tal vez nos lean con curiosidad. Sin embargo, no olvidemos que una de las características de nuestra especie es su conducta exploratoria. Así que nos dedicamos a ver los diferentes temas de esta compilación como un espejo, ya que son una vía de acercamiento que nos devuelve a la realidad de unos y otros.

Muchas son las personas a las que debemos agradecer habernos ayudado en este libro. En primer lugar a las autoridades de la Facultad de Filosofía y Letras de la Universidad de Buenos Aires, y en especial a Julia Zullo, de la Oficina de Publicaciones. A Yamila Sevilla y Juliana Orihuela, de Editorial Gedisa, por su paciencia a lo largo del proceso de edición. Muchos colegas nos han aportado ideas, trabajos y/o sugerencias. A Paul Bahn, Jean Clottes, Robert Foley, Michèlle Julien, Claudine Karlin, Danièlle Lavallée, Randall McGuire, Martha Mirazón Lahr, Hector Neff, Mike O'Brien, Sergio Ripoll López, Mike Shott, Lawrence G. Straus y David H. Thomas nuestro sincero reconocimiento y amistad. Finalmente, a todos los adscriptos –alumnos de los últimos años de la carrera– que a lo largo de estos años han colaborado de múltiples y variadas formas. Y al lector, que deseamos que explore y disfrute estos temas como nosotros lo hacemos.

Ana y José Luis

Introducción

No hace mucho y mientras iba en un autobús, un hombre me preguntó cuál era mi trabajo. "Arqueólogo", le dije y él me contestó: "Eso debe ser maravilloso. Para tener éxito sólo se necesita un poco de suerte". Me tomó algún tiempo convencerlo de que su visión del arqueólogo no coincidía con la mía. Él imaginaba que los arqueólogos "excavan el pasado", que el éxito y reconocimiento sólo lo logran aquellos que descubren algo que aún no se conoce, y que todos los arqueólogos pasamos nuestra vida tratando de descubrir cosas únicas. Esta es una idea de la ciencia que tal vez era muy apropiada para el siglo XIX, pero no en los términos en los que yo mismo veo la arqueología, ya que no describe su naturaleza ni cómo es su práctica hoy en día. Creo que los arqueólogos son más que simples "descubridores".

La arqueología no puede crecer sin un adecuado balance entre teoría y metodología. Los arqueólogos necesitan ser continuamente autocríticos; eso es lo que mantiene vivo este campo y hace que nosotros mismos estemos argumentando y discutiendo siempre quién tiene razón en lo concerniente a este punto o a otro, o no la tiene. La autocrítica nos lleva al cambio, pero en sí misma es un desafío. Un desafío que quizá compartimos con algunas pocas ciencias –como la paleontología–, con aquellas que hacen inferencias sobre el pasado utilizando cosas del presente. Por lo tanto, la arqueología no es una disciplina que puede estudiar el pasado directamente, y que pueda restringirse tan sólo al descubrimiento, como me sugirió el hombre del autobús. Muy por el contrario, es una disciplina que depende completamente de las inferencias que hacemos respecto del pasado y que realizamos sobre materiales encontrados en el mundo contemporáneo.

El dato arqueológico, desafortunadamente, no posee significado en sí mismo.

¡Cuánto más fácil sería nuestro trabajo si lo tuviera!

L. R. Binford (1983)

La larga cita representa en forma muy pertinente la idea de lo que en ciencia llamamos "sentido común", y expresa lo que es en realidad el desafío de la arqueología como tal. Este "sentido común" no ha jugado a favor de nuestra ciencia. Parecería que la impresión del "hombre del autobús" de que cualquiera puede ser arqueólogo –aun cuando tenga otro título universitario– está bastante extendida. Para muchos basta con haber encontrado un resto de cerámica, coleccionado unas cuantas puntas de proyectil, o visitado ciertas ruinas para estar habilitado por ese conocimiento a hablar con autoridad sobre un determinado aspecto de la conducta humana. Sin duda, los padres de la arqueología provienen de otras disciplinas. A ellos les debemos el crecimiento de nuestra ciencia, pues también mantuvieron los estándares académicos de su época. Hoy en día, sin embargo, la complejidad de la ciencia arqueológica exige una formación universitaria más sistemática.

Si bien la arqueología es una ciencia joven desde el punto de vista académico, podemos remontar sus orígenes al año 583 antes de nuestra era, cuando Nabonidus, el último emperador del Imperio Neobabilónico, excava y reconstruye templos de la Babilonia antigua y da inicio así a lo que los historiadores llaman Anticuarismo. Pero no vamos a hacer aquí una historia de la arqueología, sino que tenemos objetivos particulares.

El primero de ellos es presentar las corrientes teóricas más importantes del siglo XX, dentro del marco de la Teoría General de la Arqueología, donde analizaremos las perspectivas más relevantes a lo largo del último siglo. En este sentido los momentos más recientes en nuestra disciplina son los más difíciles de comentar y exponer, pues de una u otra forma estamos involucrados en alguna de las perspectivas que presentamos. Pero, sin duda, conocer sus lineamientos principales es lo que permitirá al lector comprender el papel que cada arqueólogo asume en su elección para entender las conductas humanas a través del estudio del registro material que estas dejan. Así como no existe una investigación científica que no posea un marco teórico, tampoco podemos negar que su elección está condicionada por las vivencias presentes del investigador. Si bien nuestra especialidad se encuentra mayormente inmersa en el conocimiento del pasado, son el presente y la elección de un marco teórico los que indican cómo aproximarnos para entender lo que sucedió en un tiempo pretérito. Así los arqueólogos contribuimos al conocimiento en las diferentes ciencias humanas.

Exponer algunas características y peculiaridades tanto del registro como del dato arqueológico y cuáles son algunas de las metodologías de análisis e interpretación empleadas en la actualidad es nuestro segundo objetivo. A lo largo de las últimas décadas, nuestra ciencia ha experimentado un importante avance metodológico. Ello se debe en gran medida a los cambios que se produjeron a partir de la década de 1960 y también al incremento de la interrelación de la arqueología con otras ciencias. Acercamientos y confluencias a diferentes disciplinas desembocan en una mayor cautela en las interpretaciones y explicaciones del registro arqueológico. Pero además en el desarrollo y fortalecimiento de líneas y programas de investigación particulares que caracterizan a la arqueología científica contemporánea en su interfaz con otras ciencias.

Finalmente, y en un intento de mostrar sintéticamente aplicaciones de las corrientes teóricas y alguna de las nuevas metodologías, presentamos un breve detalle de uno de los momentos más interesantes en la historia del surgimiento de nuestra especie, el final del Pleistoceno. Comenzamos con un análisis de uno de sus enigmas, los Neanderthales, centrándonos en sus diferentes estrategias adaptativas determinadas recientemente a la luz de la aplicación de metodologías innovadoras. Luego nos adentramos en los diferentes modelos que analizan el origen del *Homo sapiens*. En este caso el lector podrá tanto observar la diversidad de marcos teóricos como comprender a través de ellos el proceso de dispersión global de nuestra especie. Concluimos con la presentación de los nuevos enfoques que se han adoptado recientemente para comprender un particular desarrollo cultural: el Paleolítico Superior, en el que nuestra especie acelera su proceso de diversificación cultural y comienza a expresarse a través de manifestaciones artísticas.

La imagen del "hombre del autobús" mencionado por Binford perdura tanto en la generalidad de la sociedad como en aquellas explicaciones e interpretaciones que, basadas en el «sentido común», aún se brindan del registro arqueológico. La arqueología científica nos muestra un camino mucho más complejo y apasionante. A lo largo de los temas tratados el lector podrá observar esto. Y entusiasmarse y adentrarse en este prolongado y eterno camino de la indagación como lo hacemos los investigadores.

A. M. Aguerre y J. L. Lanata

Bibliografía

Binford, L. R. 1983. *In Pursuit of the Past. Decoding the Archaeological Record.* Londres, Thames & Hudson. [*En busca del pasado.* Barcelona, Crítica, 2003.]

I
ARQUEOLOGÍA Y TEORÍA

1
Las bases teóricas del conocimiento científico

José Luis Lanata y Ana Gabriela Guráieb

A lo largo de esta introducción general al conocimiento de las corrientes teóricas más significativas de la arqueología durante el último siglo nos interesa que el lector rescate tres aspectos importantes.
Uno tiene que ver con los estándares científicos existentes en los
momentos en que tales corrientes se desarrollaron. Estos se van
modificando de una manera que a veces es imperceptible para los
arqueólogos. Determinadas técnicas, novedosas durante un tiempo, pasan luego a ser parte del protocolo normal de las investigaciones. En definitiva, los estándares en cada época son diferentes.

Otro aspecto es que el lector detecte por sí mismo la interrelación de la arqueología con otras ciencias –que en los últimos años
se ha incrementado significativamente– como parte del desarrollo
de los marcos teóricos. En la actualidad un arqueólogo interactúa
no solamente con zoólogos, botánicos, geólogos, historiadores, so-
ciólogos como era normal a lo largo de la mayor parte del siglo XX,
sino también con demógrafos, genetistas, físicos, químicos, ecólogos, matemáticos, psicólogos, etcétera. Esta interacción ha desarrollado nuevas perspectivas, algunas de las cuales presentaremos
en el próximo capítulo.

Finalmente, queremos mostrar que, más allá de ser un requisito
ineludible en cualquier investigación de arqueología científica, los
marcos teóricos no se limitan a determinados aspectos económicos
de las poblaciones humanas estudiadas o al rango temporal de análisis. En los últimos años, y quizá como una consecuencia empírica
de la reacción de la década de 1980, se ha tendido a presuponer

que, por ejemplo, los marcos teóricos aplicados al estudio y análisis de poblaciones de cazadores-recolectores no son aplicables a las de productores de alimentos. O que la arqueología histórica y la urbana, por tener acotado un determinado bloque espacio-tiempo e incorporar fuentes escritas, conforman un (pseudo)cuerpo teórico per se. Si erróneamente continuamos en estas posturas, no haremos más que perder el potencial explicativo e interpretativo que tiene cada uno de los diferentes marcos teóricos. Y con ello caeremos en falacias tales como que los arqueólogos que trabajan con sociedades complejas no pueden entender casos de cazadores-recolectores, o que los que lo hacen en arqueología romana se encuentran impedidos de discutir los casos preestatales en América. Un marco teórico es útil para entender un problema arqueológico en forma independiente de la economía de la población, del bloque espacio-tiempo en que se desarrolla, de la complejidad social que la haya caracterizado y/o de la persistencia de algunos de sus rasgos en otras poblaciones. Y se enriquece a medida que otras ciencias nos permiten incorporar nuevos tipos de datos arqueológicos. Es eso lo que construye el marco teórico y lo concibe como tal; no su tema o el caso que se investiga circunstancialmente.

La presentación de las corrientes es cronológica, lo que no significa que el surgimiento de una haya implicado la desaparición de la anterior. Muy por el contrario, tras la lectura de los enunciados de las corrientes, el lector podrá observar la persistencia y coexistencia –e incluso la mezcla– de los diferentes paradigmas aquí presentados. En primer lugar, nos referiremos a las dos corrientes que mayor desarrollo han tenido durante el siglo pasado, la *Culture History* y la Nueva Arqueología o Arqueología Procesual. La primera se desarrolló fundamentalmente durante todo el siglo XX, y si bien dominó durante la primera mitad, aún sigue presente. La Nueva Arqueología, en cambio, surge de la mano de los movimientos sociales y de los desarrollos técnicos y teóricos de la década de 1960. En el capítulo siguiente abordaremos la multiplicidad de corrientes teóricas que caracterizan a las últimas décadas.

1. La teoría durante la primera mitad del siglo XX

Bajo la denominación *Culture History*[1] se incluyen los movimientos tradicionales en la investigación arqueológica, tanto de Europa como de Estados Unidos, que dominaron la Academia en la primera mitad del siglo XX. Durante su desarrollo podríamos diferenciar algunos enfoques particulares —evolucionistas spencerianos, funcionales, etc.— pero, en lo concerniente a su eje vertebral y muchos otros aspectos, la perspectiva se mantiene durante décadas. Este enfoque será revalorizado en los últimos años del siglo XX.

Las características más relevantes de la escuela tradicional (Renfrew y Bahn, 2000) son:

1. *Particularidad:* Cada cultura arqueológica es única y diferente de las demás. En las interpretaciones dominan las de tipo funcional, histórico y progresista.
2. *Descripción:* El fin de la arqueología es reconstruir el pasado. Para ello hay que describir detalladamente las características de los artefactos recuperados.
3. *Razonamiento inductivo:* La arqueología es vista como un rompecabezas que sencillamente hay que armar pues el resultado final ya es conocido por el investigador. Su tarea consiste en obtener todas las piezas.
4. *Validación por criterio de autoridad:* La jerarquía y el reconocimiento académico del investigador prevalecen en la interpretación. Por lo tanto, la subjetividad y la intuición desempeñan un papel muy importante en la comprensión de los datos.
5. *Acumulación de datos:* La investigación se centra, en gran medida, en la acumulación de datos. Para ello son necesarios tra-

---

[1] Esta denominación, que se usa en Europa y Estados Unidos como referencia general a la aproximación tradicional característica de la primera mitad del siglo XX, no debe confundirse con la Escuela Histórico-Cultural de Viena. Ya que la traducción podría ser semejante, preferimos utilizar la expresión en inglés.

bajos de campo importantes y grandes repositorios de materiales. Cuantos más materiales arqueológicos se obtienen, los resultados son más fiables.

6. *Metodología cualitativa y comparativa:* Un acercamiento coloquial dominó en la aproximación al registro arqueológico. La descripción, agrupación por semejanzas, comparación de atributos y rasgos cualitativos de los materiales y las formas de vida de las culturas arqueológicas forman el eje metodológico.

7. *Pesimismo:* Se concibe a la metodología arqueológica como limitada, por lo que no puede contestar preguntas sobre todas las esferas de una sociedad.

Una de las características más significativas de esta escuela procede de la visión que en la época tenían antropólogos y arqueólogos sobre la cultura, y de cómo ella se trasladó al concepto de cultura arqueológica como entidad. Los arqueólogos de la *Culture History* tenían una visión particularista de la cultura para la interpretación del pasado. El énfasis estaba colocado en agrupar los artefactos semejantes como partes de una cultura única, rescatando lo particular de cada sitio arqueológico. Esto apunta a discernir y definir culturas arqueológicas basándose en las semejanzas internas entre sus acervos materiales, culturas que se interpretaban como restringidas y estáticas en el espacio y en el tiempo. Fundamentalmente, las culturas son definidas utilizando los artefactos arqueológicos como diagnósticos de peculiaridades e idiosincrasias específicas. Un ejemplo de esta forma de interpretación puede verse en uno de los primeros trabajos de Gordon Childe (1929: v-vi), cuando habla sobre la prehistoria del río Danubio:

> Encontramos cierto tipo de restos –vasijas, implementos, ornamentos, ritos de entierro y formas de habitación– muy recurrentes. A este complejo de rasgos asociados lo podríamos denominar «grupo cultural» o simplemente «cultura». Suponemos que cada uno de esos complejos es la expresión material de lo que hoy llamaríamos un «pueblo».

Esta visión normativa del pasado se basó en el presupuesto de que los objetos recuperados en las excavaciones eran producto de ideas, reglas y normas culturales que definían a la cultura. Esta era adquirida por cada individuo como miembro de un grupo social dado y sus conocimientos le eran comunicados a través del simbolismo del idioma, aunque también reconocían que había una comunicación no verbal a través de la cultura material. Así se fomentó la idea de una herencia social con muy poca posibilidad de cambio interno. El cambio cultural se explica únicamente por procesos que venían desde fuera de la cultura, desconociendo así el dinamismo que la caracteriza. Si todos los individuos que participaban de una cultura tenían ideas, reglas y normas semejantes acerca de la forma de hacer las cosas, de casarse, de la religión, de la organización social y comercial, entonces ¿de dónde venía el cambio? La respuesta fue simple: su procedencia era externa. Venía desde afuera, a través de tres mecanismos principales: a) la difusión de rasgos, b) la migración de individuos poseedores de esos rasgos culturales y c) la invasión y el dominio de nuevas culturas.

La *Culture History* se caracterizó por la descripción de los materiales arqueológicos y un discurso coloquial histórico. Los investigadores se esforzaban en la obtención de información mediante la acumulación casi indiscriminada de materiales arqueológicos. Las sociedades pasadas eran interpretadas bajo el paraguas que ofrecían las investigaciones antropológicas que se estaban llevando a cabo en esos momentos. De esta forma no pudieron salvar el abismo que separaba el pasado del presente. Esto, que era una consecuencia de la visión del progreso como motor del cambio cultural durante la primera mitad del siglo XX, significó interpretar el registro arqueológico a la luz de la analogía etnográfica directa.

Si contextualizamos un poco el desarrollo de las ciencias durante la primera mitad del siglo XX, observamos que la arqueología de ese momento mantuvo los estándares académicos de la época. Eran las descripciones de los artefactos las que les permitían diferenciar las culturas arqueológicas. Así es entendible, por ejemplo, la hiperdescripción que la caracteriza, tanto en los trabajos de campo como en el laboratorio y en las publicaciones. A los arqueólogos de la *Culture History* les debemos reconocer una serie de desarrollos importantes que resolvieron distintos problemas de acuerdo con los conocimientos de su época. En principio, ya desde fines del siglo XIX advirtieron la importancia de la excavación estratigráfica. Las investigaciones de Thomas Jefferson, en 1787, en diferentes montículos localizados sobre el río Misisipi, son las primeras en aplicar los principios estratigráficos en arqueología. Para ello tomaron de la geología los principios de superposición y correlación y los aplicaron a sus excavaciones. Se trata de las leyes acuñadas por el geólogo Nicolaus Steno en 1669, cuyos principios aún se mantienen, a pesar de las modificaciones tecnológicas y metodológicas. Básicamente refieren que los sedimentos localizados en los sectores más profundos se depositaron antes y por lo tanto son más antiguos. Este principio permite correlacionar sedimentos iguales en diferentes sectores y regiones. También para las correlaciones se emplea el concepto de índice fósil, que toma en cuenta tipo y densidad de fósiles por estrato geológico. Esto les daba un primer esbozo del tiempo, de la profundidad temporal de los materiales, pero no la datación. Las estimaciones cronológicas eran totalmente intuitivas, ya que es en 1949 cuando W. Libby descubre la posibilidad de datar mediante el isótopo 14 del carbono. Correlacionar los estratos y/o capas sedimentarias es posible gracias a la aplicación de la idea del índice fósil. Los arqueólogos tomaron este concepto y, en lugar de utilizar las especies fósiles como la geología, emplearon los artefactos arqueológicos para realizar sus correlaciones.[2] Como consecuencia, empezaron a construir las unidades culturales sobre la base de tipos morfológicos. Estos conforman una agrupación de artefactos semejantes y por ello se

---

[2] Esto ya había sido empleado por T. Jefferson para correlacionar los niveles en los montículos excavados en Virginia, Estados Unidos.

transformaron en el primer paso analítico para describir el registro arqueológico de forma adecuada y cuidadosa. Los artefactos líticos, las vasijas cerámicas, las estructuras habitacionales pudieron ser agrupados de acuerdo con sus características formales en diferentes categorías y clases. En otras palabras, los arqueólogos de la *Culture History* fundaron las bases de la taxonomía arqueológica.

Los arqueólogos tradicionales emplearon los tipos morfológicos como construcciones definidas por el investigador a fin de facilitar su descripción y clasificación y con ello definieron sus culturas arqueológicas. Pero les quedaba por resolver cómo monitorear el cambio a través del tiempo. Este segundo paso analítico surgió de conocer las asociaciones temporales de tipos morfológicos en diferentes sitios en determinadas regiones. De allí nació la idea de *fósil guía* –también conocido como *tipo temporal* y *time marker*–, que hoy definiríamos como elementos del registro arqueológico particulares de un bloque espacio-tiempo. Sin embargo, en esta escuela los artefactos determinan la presencia de una «cultura» y esto se relaciona con la concepción normativa que sus practicantes tienen de ella.

Finalmente, otra herramienta analítica que caracteriza a la *Culture History* es la *seriación*. Esta les permite transformar los diferentes tipos de estilos definidos en la clasificación de los artefactos en secuencias temporales relativas. La seriación da por sentado que la conducta de los humanos es indecisa e impredecible y que por lo tanto los estilos de los artefactos pueden cambiar a medida que surgen nuevas tecnologías. Dichas tecnologías aparecen poco a poco y van reemplazando a otras para luego ser reemplazadas por otras nuevas. La seriación permite comprobarlo mediante la construcción de curvas de frecuencia en el número de los artefactos de las muestras arqueológicas. Uno de los principales referentes de este tipo de estudios fue James Ford. La seriación funciona tomando en cuenta la proporción de los diferentes tipos temporales en diferentes muestras arqueológicas, que determinan una secuencia temporal relativa. Los diagramas de seriación suponen implícitamente que en la variabilidad observada se detecta el cambio a través del tiempo, al mostrar el surgimiento, apogeo y desaparición de determinados artefactos en sitios o regiones arqueológicas.

Podría decirse que ya desde la posguerra el mundo había entrado en un acelerado proceso de cambio y la arqueología no escapó a ello. El criterio de autoridad, característico de la arqueología durante la primera mitad del siglo XX fue desafiado, quizá por primera vez, por W. W. Taylor en 1948, al proponer que los artefactos arqueológicos no deberían ser entendidos por sí solos sino interconectados con los demás componentes de una cultura. Las ideas del neoevolucionismo, del materialismo y de la ecología cultural comenzaron a formar parte del discurso antropológico y arqueológico. La década de 1950 ofreció un número importante de libros y artículos sobre metodología en arqueología, por ejemplo Willey y Phillips (1958). Sin embargo, también en esos momentos surgieron una serie de novedades y desarrollos tecnológicos en otras ciencias −por ejemplo, la datación radiocarbónica (^{14}C)− que no tardarían en transformar los estándares de la *Culture History* en otros nuevos. Sólo era cuestión de tiempo.

2. La rebelión de la década de 1960

El momento llegó en un ambiente de importante convulsión y cambio social como el que se dio en la década de 1960, caracterizada por movimientos sociales, hippies, estudiantiles, de derechos humanos, etcétera. En ese contexto emergió en los países anglosajones la llamada Nueva Arqueología *(New Archaeology)*, posteriormente arqueología procesual. Surgió como una reacción frente a lo que arqueólogos como Lewis Binford (1962 y 1965) en Estados Unidos y David Clarke (1968) en Inglaterra consideraban insuficiencias en el modo de hacer arqueología por parte de aquellos que habían dominado la escena académica en la primera mitad del siglo XX. Estos arqueólogos, jóvenes y descontentos, no estaban de acuerdo con la forma en que los conjuntos de objetos que se encontraban en las excavaciones eran convertidos en discursos sobre el pasado.

Durante el período 1950-1960, dos corrientes del pensamiento antropológico –no muy populares por ese entonces– influyeron sobre la Nueva Arqueología: el neoevolucionismo y la ecología cultural. El neoevolucionismo difiere del evolucionismo unilineal del siglo XIX y de la *Culture History* en que trata al progreso como una característica más de la cultura en general, aunque no necesariamente de cada cultura en particular. Sus dos máximos exponentes en ese momento fueron Leslie White y Julian Steward. White definió la cultura como un complejo sistema termodinámico. Al mismo tiempo, el fuerte determinismo tecnológico evidenciado en las explicaciones surgió de considerar que la tecnología –el núcleo cultural– es intermediaria entre el ambiente y la cultura. Según este enfoque, es la tecnología la que permite la adaptación de los humanos al ambiente e influye sobre la organización social y política.

La ecología cultural, por su parte, irrumpió en la antropología de la mano de Julian Steward, desarrollando un enfoque más empírico, multilineal y ecológico para explicar el cambio cultural. Steward (1955: 209) consideraba que «el propósito de la antropología evolutiva debía ser explicar los rasgos comunes de las culturas en estadios similares de desarrollo, más que las particularidades únicas, exóticas y no recurrentes, que podían ser atribuidas a accidentes históricos». A estas dos corrientes se les sumó alguna influencia del materialismo y principalmente de la Teoría General de los Sistemas, muy en boga en esos momentos. Esta teoría había comenzado a desarrollarse en la década de 1940 en la biología y la geografía. Buscaba entender a entidades tan diversas como glaciares o equipos electrónicos en términos de componentes que interactuaban entre sí, componiendo un todo (Trigger, 1989). La adhesión de los nuevos arqueólogos a la Teoría de General de los Sistemas hizo que la cultura fuera estudiada en el mismo sentido.

Se analizaba cada uno de los subsistemas que la componen: subsistencia, tecnología, organización social, psicología e ideología. Respecto de la arqueología tradicional, la Nueva Arqueología constituyó un punto de inflexión en muchos aspectos (Renfrew y Bahn, 2000), a saber:

1. *Explicación:* En momentos previos, la meta de la arqueología había sido reconstruir el pasado. Por el contrario, la Nueva Arqueología consideraba que debía tener como objetivo la explicación de los cambios que se produjeron en el pasado, más que la reconstrucción de un momento o sociedad en particular.

2. *Generalización:* La Nueva Arqueología era entendida como una ciencia y, como tal, debía utilizar generalizaciones en el estudio del proceso cultural y en la explicación de los cambios.

3. *Razonamiento deductivo:* Del mismo modo, la arqueología científica que proponía la Nueva Arqueología involucraba el uso del razonamiento deductivo. El proceso deductivo comprende la postulación de hipótesis y la construcción de modelos plausibles para explicar los cambios.

4. *Validación mediante prueba:* Según los nuevos estándares, las hipótesis y los modelos no debían ser aceptados según la autoridad del investigador que los enunciaba sino que debían ser sometidos a una comprobación rigurosa.

5. *Diseño de investigación:* Antes de comenzar un proyecto, debía existir un diseño de investigación que planteara las preguntas generales y específicas que se esperaba responder. De ese modo se evitaría la generación de datos inapropiados.

6. *Metodología cuantitativa:* En concordancia con la aspiración de una arqueología científica se adoptó una metodología estadística para el tratamiento de los datos. Se abandonaron los métodos cualitativos o cuantitativos informales o sesgados por el interés del investigador.

7. *Optimismo:* Los «nuevos arqueólogos» eran muy optimistas y creyeron en sus comienzos que las técnicas que desarrollaban

podrían utilizarse para arrojar luz sobre todos los aspectos, incluyendo la organización social y los procesos cognitivos de los seres humanos del pasado.

2.1 La arqueología como una ciencia antropológica

El desacuerdo con el aspecto descriptivo y con el peso que se daba a los enfoques historicistas hizo que la Nueva Arqueología propusiera convertir a la disciplina en algo diferente. La evidencia etnográfica, utilizada acríticamente por los enfoques tradicionales, mostraba una gran diversidad en las conductas humanas y en los procesos culturales. Sin embargo, esta diversidad quedó oculta en las interpretaciones de la *Culture History* debido al excesivo énfasis histórico, haciendo que desapareciera de las interpretaciones arqueológicas. En parte por ello la Nueva Arqueología propuso salir de ese tipo de interpretaciones, buscando otras más antropológicas. Para lograr tal fin, también fue necesario desarrollar nuevas metodologías y generar un cuerpo teórico que fuera claramente arqueológico. Entonces, podemos decir que la Nueva Arqueología, al entender a la arqueología como una ciencia antropológica, puso énfasis en dos aspectos: a) su adecuación a los estándares académicos de la época y b) la sustitución de la interpretación histórica por otra antropológica.

Adecuarse a los estándares académicos significaba acentuar el requisito, propio de cualquier disciplina científica, de adquirir el conocimiento a través de un proceso racional, evaluado de forma rigurosa. Esto implicaba también que todo juicio que se emitiera sobre el pasado debía ser probado científicamente a través de la verificación o el descarte de hipótesis y modelos que contemplaran aspectos específicos de lo que se quería investigar. Obviamente, otro requisito indispensable era que estos modelos e hipótesis hubieran sido previamente enunciados. De esta manera deducción, hipótesis, verificación, explicación generalizadora, y rechazo a toda proposición no comprobable fueron el *leit motif* de los primeros años de la Nueva Arqueología. Pero llegaron aun más lejos en su afán de convertir a la arqueología en una ciencia rigurosa. El primer método científico utilizado por esta corriente fue el nomológico-deductivo, de lo que se desprendía que podían enunciarse leyes generales acerca del comportamiento humano. Esto era semejante a las leyes generales que se promulgan en las ciencias exactas. Esta visión un tanto extremista del positivismo lógico tuvo su expresión máxima en el libro de Watson et al. (1971). La aplicación de este método se encontró con un serio inconveniente: resultaba prácticamente imposible llegar a construir una ley general acerca del comportamiento humano que fuera real en todo momento y lugar. Poco a poco este enfoque extremo, en cierta forma inconducente, fue abandonado por versiones más blandas del positivismo que utilizaban un método hipotético-deductivo, sin dejar de lado la generalización, pero sin la intención de lograr leyes universales.

Si bien ya desde fines del siglo XIX (Pitt-Rivers, 1887) y principios del XX (Kidder, 1924, Boas, 1940) la arqueología era vista y entendida como una rama de la antropología,[3] no fue hasta que Binford publicó su clásico artículo «Archaeology as anthropology» en 1962 que la antropología comenzó a tener un mayor peso en las interpretaciones arqueológicas. Explícitamente, Binford señaló que «la arqueología es el tiempo pasado de la antropología», definición que se instaló fuertemente en una parte importante de esa nueva generación de arqueólogos. Esto, conjuntamente con los estudios etnográficos en los que se comenzó a observar la diversidad de las conductas humanas, hizo que esta idea llegara tan lejos como para tomar el presente etnográfico como una versión viviente del pasado humano. Tal es el caso de *Man the Hunter* (Lee y DeVore, 1968), en el que las poblaciones de cazadores-recolectores contem-

---

[3] Por ejemplo Kidder (1924) define a la arqueología como la rama de la antropología que estudia a las personas de la prehistoria.

poráneas estudiadas son vistas como una prehistoria viviente. Independientemente de las críticas que podamos hacerle, la influencia de esta concepción en la Nueva Arqueología fue tan importante que sirvió para que centrara sus intereses en el estudio de los procesos culturales. Su desarrollo hizo que, con el paso del tiempo, la Nueva Arqueología dejara de ser tal para transformarse en arqueología procesual, enfatizando el estudio de los diferentes procesos culturales y dándole los elementos para abandonar la interpretación historicista de la *Culture History*.

2.2 La cultura como sistema y su relación con el ambiente

Hemos hablado acerca de cómo surgió la Nueva Arqueología, de cuál fue su intención al convertir a la disciplina en una ciencia de acuerdo con los estándares del momento, del método utilizado, así como de las corrientes antropológicas que influyeron sobre ella. Ahora bien, ¿cuál fue el objetivo científico de la Nueva Arqueología? En definitiva, podemos decir que su perspectiva pretendía aislar y analizar los distintos procesos culturales que se dan en y entre sociedades humanas. Para ello puso énfasis en el estudio de las prácticas de subsistencia y económicas, así como del ambiente con el que estas sociedades interactuaron. Asimismo, analizaron la repercusión de estos aspectos en los sistemas de creencias de las sociedades y sus diferentes tipos de interacciones.

En este ámbito, la influencia de la Teoría General de los Sistemas fue muy importante, ya que tal modo de entender los procesos culturales implica pensar a la cultura de una forma *sistémica*. Bajo esta óptica, la cultura configura un sistema en el que cada aspecto que la define constituye un subsistema y se encuentra inextricablemente vinculado a los demás por relaciones de retroalimentación. Los sistemas culturales se encuentran además interconectados con otro sistema, el ambiente. Cuando algún factor interno de la cultura o externo del ambiente afecta a uno de estos subsistemas –por ejemplo, la economía, la ideología, las relaciones sociales– todos los demás subsistemas también son afectados en alguna medida. Para encontrar un nuevo punto de equilibrio, los subsistemas deberán adecuarse al cambio producido en uno de los componentes, cambiando a su vez. El equilibrio en el que se encuentran los sistemas culturales es, por lo tanto, dinámico.

Debe hacerse notar que la consideración del ambiente en las interpretaciones arqueológicas no era una novedad en la década de 1960. Con un enfoque evolucionista unilineal y muy determinista, ya desde el siglo XIX muchos investigadores habían llamado la atención acerca del papel del ambiente en las poblaciones humanas. En la década de 1950, Julian Steward, uno de los primeros etnólogos en adoptar una visión materialista de la conducta humana, concedió gran importancia a los factores ecológicos en el modelado de los sistemas socioculturales. La novedad incorporada por la Nueva Arqueología fue tratar al ambiente como integrante de una trama de relaciones, de acuerdo con el enfoque de la Teoría General de los Sistemas.

Bajo el paradigma de la cultura entendida como sistema en interjuego con el ambiente, se puso de relieve un nuevo concepto en arqueología: el de *adaptación*. El hombre desarrolla estrategias para adaptarse de la manera más eficaz a los diferentes medios con los que interactúa, el natural y el social. Uno de los medios que emplea para ello es la cultura. En sus primeros escritos, Binford (1962) adoptó la definición del etnólogo L. White, quien caracterizó a la cultura como «la parte extrasomática de la adaptación del hombre al medio ambiente».

2.3 El estudio de las diferencias

Otro objetivo de la Nueva Arqueología fue comprender y estudiar las diferencias presentes en la evidencia arqueológica, obviamente desde un enfoque científico, en parte oponiéndose a la *Culture*

History. Esto conllevó la necesidad de aprender a seleccionar las muestras de materiales de modo que fuera posible el tratamiento posterior de los datos a través de pruebas estadísticas. Estas técnicas de muestreo son indispensables, ya que se debe tener certeza de que las muestras bajo estudio son representativas del universo posible de evidencia arqueológica. A partir de la década de 1970 comenzaron a ser más usuales los tratamientos estadísticos de la información, cada vez más sofisticados. Más adelante, su popularización llevó a muchos investigadores a plantear si no se estaba abusando de esa técnica en aras de detectar la diversidad del registro arqueológico.

2.4 Las investigaciones de rango medio

Para la Nueva Arqueología, la brecha entre pasado y presente es insalvable aplicando una óptica tradicional. Binford reconoce que el registro arqueológico es presente y estático. A partir de estas características, el arqueólogo debe inferir la dinámica de las conductas del pasado. Este proceso de inferencia arqueológica –complejo y dominado por la analogía– es el que cierra la brecha entre pasado y presente, en la forma de un discurso sobre los procesos que tuvieron lugar en el pasado.

La discusión sobre este tema se inició con una controversia que involucró a François Bordes y a Lewis Binford acerca del significado de la variabilidad cultural del Musteriense en el sur de Francia. Esta es la primera discusión académica entre la Nueva Arqueología y la *Culture History*, justo en los inicios de la primera. El prehistoriador francés Bordes, basándose en el análisis minucioso de los tipos morfológicos del instrumental lítico de la industria musteriense –Paleolítico Medio–, había identificado cuatro conjuntos de artefactos líticos compuestos de manera diferente. Los denominó musteriense de tradición achelense, musteriense típico, musteriense con denticulados y charentiense, y se alternaban en las secuencias estratigráficas de los sitios del Paleolítico Medio francés. Las frecuencias con que cada tipo de artefacto –raederas, raspadores, puntas de proyectil, buriles– se presentaba en los conjuntos eran particulares y distintivas de cada uno de ellos. Sobre esta base, Bordes defendió la idea de que estos conjuntos eran industrias diferentes y que representan la presencia de grupos culturales particulares entre los Neanderthales (véase cap. 6).

Binford, por el contrario, sostenía que la interpretación de esos conjuntos debía tomar en consideración la variabilidad con que los Neanderthales realizaban sus actividades en el espacio. Por lo tanto, los conjuntos no podían ser explicados unívocamente como pertenecientes a grupos culturales diferentes. En otras palabras, artefactos distintos pueden ser fabricados por las mismas poblaciones para hacer actividades en espacios específicos y/o diferentes. A pesar de que tuvo acceso a los materiales arqueológicos con los que Bordes había trabajado, Binford no pudo llegar a reafirmar su posición. La conclusión a la que llegó fue que el estudio de los materiales arqueológicos no es suficiente para comprender la dinámica pasada, dado que el registro arqueológico es un arreglo espacial, estático y presente. El arqueólogo debe inferir la dinámica de las conductas del pasado.

En las propias palabras de Binford (1978: 112) vemos que

había llegado a la inevitable conclusión de que la única posibilidad de desarrollar métodos arqueológicos de inferencia es a través de pueblos contemporáneos vivos, o mediante la práctica de la arqueología en situaciones cuyo componente dinámico estaba documentado históricamente. Comencé a considerar que la etnoarqueología, la arqueología experimental y los yacimientos arqueológicos históricos eran la única oportunidad que teníamos para desarrollar y perfeccionar los métodos de inferencia que trataban de los conjuntos de artefactos hechos por el hombre.

Una arqueología científica como la que pretendía la Nueva Arqueología implica el empleo de métodos rigurosos para contrastar determinadas proposiciones, para poder ir más allá de la simple observación del registro arqueológico. Era necesario, por lo tanto, crear las herramientas que permitieran una traducción de lo estático del registro arqueológico a la dinámica de las conductas del pasado. Esto fortaleció el surgimiento de nuevas especialidades dentro de la arqueología, las que conocemos como estudios actualísticos y que incluimos dentro de la Teoría de Rango Medio (véase Parte II). Si bien una de las metas de la Nueva Arqueología fue establecer generalizaciones sobre las conductas humanas, esto no parece haberse logrado aún (véanse Kelly, 1995; Binford, 2001). Por el contrario, la Nueva Arqueología se destaca por el desarrollo que ha dado a las nuevas metodologías, afianzando la Teoría de Rango Medio.

Desde un punto de vista teórico, los aspectos más relevantes de la Nueva Arqueología han sido su visión evolucionista del cambio cultural, la búsqueda de regularidades en los procesos culturales y su enfoque ecológico y sistémico. El tratar de entender las variadas tramas de relación entre las sociedades humanas y el ambiente hizo que en los proyectos llevados adelante por arqueólogos procesuales tuvieran gran importancia las relaciones interdisciplinarias. Sin embargo, aquellas características que mencionamos como logros también han sido vistas como limitaciones y objeto de críticas por parte de las corrientes posprocesuales, transformándose en un campo de investigación para otras corrientes teóricas.

Bibliografía

Binford, L. R. 1962. Archaeology as anthropology, *American Antiquity*, núm. 28, pp. 217-225.

— 1965. Archaeological systematics and the study of culture process, *American Antiquity*, núm. 30, pp. 203-210.

— 1978. *Nunamiut Ethnoarchaeology*. Nueva York, Academic Press.

— 2001. *Constructing Frames of Reference. An Analytical Method for Archaeological Theory Building Using Hunter-Gatherer and Environmental Data Sets*. Berkeley, University of California Press.

Boas, F. 1940. *Race, Language and Culture*. Nueva York, The Free Press.

Childe, V. G. 1929. *The Danube in Prehistory.* Oxford, Clarendon Press.

Clarke, D. L. 1968. *Analytical Archaeology*. Londres, Metheun & Co.

Kelly, R. 1995. *The Foraging Spectrum. Diversity in Hunter-Gatherer Lifeways*. Washington, Smithsonian Institution Press.

Kidder, A. 1924. *An Introduction to the Study of Southwestern Archaeology*. Papers of the Southwestern Expedition. New Haven, Phillips Academy 1.

Lee, R. y DeVore, L. 1968. *Man the Hunter*. Chicago, University of Chicago Press.

Pitt-Rivers, A. H. L. F. 1887. *Excavations in Cranborne Chase, near Rushmore, on the Borders of Dorset and Wilts*. Londres, Harrison and Sons, Printers.

Renfrew, C. y Bahn, P. 2000. *Archaelogy. Theories, Methods and Practice*. Londres, Thames and Hudson. [*Arqueología: teorías, métodos y práctica*. Barcelona, Akal, 1993.]

Steward, J. H. 1955. *Theory of Culture Change*. Urbana, University of Illinois Press.

Trigger, B. G. 1989. *A History of Archaeological Thought*. Cambridge, Cambridge University Press.

Watson, P. J., LeBlanc, S. A. y Redman, C. L. 1971. *Explanation in Archaeology. An Explicitly Scientific Approach*. Nueva York, Columbia University Press. [*El método científico en arqueología*. Madrid, Alianza, 1974.]

Willey, G. R. y Phillips, P. 1958. *Method and Theory in American Archaeology*. Chicago, University of Chicago.

2
La reacción de la década de 1980 y la diversidad teórica posprocesual

José Luis Lanata, Marcelo Cardillo,
Virginia Pineau y Silvana Rosenfeld

Si bien los postulados de la Nueva Arqueología se afianzan en un importante número de arqueólogos y aumenta su presencia en la literatura científica a partir de 1970, la *Culture History* siguió primando. Este panorama cambió progresivamente a medida que los discípulos de Binford, Clarke, Longacre, Thomas y Flannery –entre otros arqueólogos procesuales– van desarrollando la Teoría de Rango Medio y ocupando posiciones en diferentes universidades. Desde este punto de vista, la década de 1980 muestra un sinnúmero de libros y artículos donde su afianzamiento es notable. Durante los primeros años de esa década se publican una serie de trabajos paradigmáticos que muestran las nuevas líneas que surgen. En algunos casos lo hacen como reacción –a veces irreconciliable, otras no tanto– ante los postulados de la Nueva Arqueología; en otros, como marcos inferenciales totalmente nuevos.

A diferencia de lo sucedido en los años sesenta, cuando la *rebelión* fue un movimiento relativamente homogéneo en cuanto a sus postulados –tanto en Europa como en Estados Unidos–, la *reacción de la década de 1980* es mucho más heterogénea y dispar. Lejos de formar una corriente teórico-metodológica orgánica, dentro del posprocesualismo se incluyen una serie de enfoques tan diferentes como:

1. la arqueología conductual;
2. el posmodernismo arqueológico;

3. la arqueología y la nueva agencia social;
4. la arqueología marxista;
5. la arqueología cognitiva;
6. las teorías evolutivas neodarwinianas en arqueología.

Presentaremos a continuación los principales postulados de cada una de estas corrientes posprocesuales.

1. La arqueología conductual

Quizá la primera reacción surge dentro de la misma Nueva Arqueología. Jefferson Reid, William Rathje y Michael Schiffer tempranamente en 1974 señalan la necesidad de focalizar la atención sobre las conductas humanas, ya que son estas las que producen los vestigios arqueológicos. La arqueología conductual se autodefine como el estudio de las relaciones entre las conductas humanas y los artefactos –la cultura material– en cualquier lugar y espacio. Se centraliza en la investigación de la conducta humana entendida casi como una actividad cotidiana. Las actividades son las interacciones pautadas entre las personas y los artefactos. Así, las conductas humanas no pueden definirse sin tener en cuenta los artefactos. Son estos los que realizan las funciones ya sea tecnológicas, sociales o simbólicas. La meta final del enfoque conductual es definir y explicar científicamente la variabilidad y el cambio en las conductas humanas. Para esto los arqueólogos conductuales se preguntan sobre aspectos históricos y nomotéticos, aun cuando la mayoría de ellos ponen especial énfasis en este último aspecto. Las bases nomotéticas –es decir las leyes y teorías– codifican las regularidades en los procesos culturales en diferentes escalas. Un proceso cultural determinado tiene una distribución témporo-espacial específica, por lo tanto particular y diferente de otros. Schiffer (1987) propuso que la correlación entre los procesos de formación cultural y natural del registro arqueológico era la base de la inferencia arqueológica, mientras que la interpretación del arqueólogo de la variabilidad de las conductas y el cambio descansaba en otros principios teóricos.

La arqueología conductual se fundamenta en tres axiomas centrales, que son:

1) formulación de un modelo explícito de la inferencia arqueológica;
2) acercamiento conductual a los fenómenos socioculturales; y
3) redefinición de los temas centrales de la arqueología.

El primer axioma identifica la investigación arqueológica con el descubrimiento y testeo de leyes y teorías a través de un modelo inferencial ligado a la propuesta de Schiffer de los modelos de formación del registro arqueológico. De acuerdo con esto, el conocimiento del pasado es inferido y deriva del examen de los residuos materiales contemporáneos. Las inferencias están basadas en proposiciones generales que describen la relación entre la conducta humana y la evidencia material –como su correlato conductual– y la acción de los procesos culturales y naturales en la formación del registro arqueológico.

El segundo axioma es la noción de que el fenómeno sociocultural puede estudiarse en términos de conductas y de sus diferentes procesos. En la base de esta elección teórica está el reconocimiento de que el registro arqueológico no es creado por la cultura en un sentido amplio ni por su relación con alguna variable ambiental; es la conducta la que lo hace. Esto significa que al momento de la reconstrucción arqueológica de significados, símbolos, subsistencia, o elecciones de diseños de artefactos, y careciendo de archivos escritos y/o de informantes, los arqueólogos realizan sus interpretaciones sobre la base de las conductas previamente inferidas por ellos mismos.

El tercer axioma es una redefinición de la arqueología como el estudio de las relaciones entre las conductas humanas y la cultura material en todo lugar y tiempo. Estas relaciones se analizan a través de cuatro estrategias (Reid et al., 1974), que constituyen uno de los primeros planes de investigación explícitos de la arqueología. Estas estrategias son:

a) Formular preguntas descriptivas y explicativas sobre la conducta humana.

b) Enunciar preguntas sobre las relaciones contemporáneas entre cultura material y conducta humana, a fin de establecer principios generales para estudiar el presente y el pasado. Para esto, se propone el empleo de la etnoarqueología y la arqueología experimental.

c) Centrarse en el estudio tanto de las culturas del pasado como del presente, con el fin de producir principios válidos para sociedades actuales y prehistóricas.

d) Utilizar la cultura material del presente para contestar preguntas específicas sobre la sociedad moderna, aplicando las metodologías propias de la arqueología.

Los arqueólogos conductuales son renuentes a lo que entienden como un excesivo adaptacionismo en las interpretaciones de la Nueva Arqueología, ya que así se limitan la búsqueda y la investigación. Los conductuales adoptan un concepto de cultura más libre para investigar distintos temas antropológicos: poder social, género, ritual, cultura material, economía y tecnología. En los acercamientos procesuales y posmodernos –véase más adelante– los artefactos son concebidos como externos a la conducta que los crea, que les da sentido. Los arqueólogos conductuales creen que de esta manera se desvía la atención del uso de objetos a otros temas, que reconocen importantes. En el caso de los procesuales el tema es el ambiente, porque los artefactos son los accesorios de la cultura que permiten manejar/controlar la adaptación al ambiente. Para los arqueólogos conductuales, el foco de interés está en las ideas que «median» entre los artefactos y la conducta. Los arqueólogos conductuales reconocen una amplia relación entre naturaleza y cultura, aunque a veces es violada por algunas interpretaciones como las mencionadas, de la Nueva Arqueología y el posmodernismo. A fin de evitar esto, prefieren tomar como unidad de análisis las conductas, pues son específicas en cuanto al tiempo y a los problemas que se pretende resolver, para así definir contextos conductuales. Estos contextos son los que brindan la información sobre actividades explícitamente discontinuas en espacio y tiempo. Cuando los contextos conductuales se asemejan a los contextos culturales –por ejemplo, empleando la etnografía de los Indios Pueblo en la interpretación arqueológica de la cultura Anasazi–, estos contextos representan tan sólo casos especiales en que los contextos conductuales poseen una mayor continuidad espacio-temporal, mayor que la normal en otros casos de estudio.

2. El posmodernismo arqueológico

Otra de las oposiciones tempranas contra el procesualismo, y quizá la más radical, es el posmodernismo, que surge especialmente en Gran Bretaña de la mano de Ian Hodder. A fin de diferenciarse, los posmodernos se llamaron a sí mismos posprocesuales. Su interés fue el de separarse y distinguirse rápidamente de los arqueólogos procesuales. Es muy común que esta primera autodenominación de posprocesuales se aplique erróneamente a los posmodernos, cuando en realidad las corrientes posprocesuales son muchas más, como mencionamos antes.

Básicamente, los arqueólogos posmodernos rechazan los postulados de la Nueva Arqueología argumentando que son antihistóricos, evolutivos, objetivos, excesivamente cientificistas y de una neutralidad ética que ellos no comparten. Defensores del interpretativismo posmoderno que domina y caracteriza algunas perspectivas en las ciencias sociales de la época, los arqueólogos posmodernos defendieron una aproximación empática[1] al registro arqueológico a través de múltiples líneas de acercamiento a su interpretación.

Los argumentos más destacables que caracterizan la corriente posmoderna pueden resumirse de la siguiente manera:

1. Critican las generalizaciones relacionadas con la evolución cultural. El argumento principal de los posmodernos es que se trata de una visión racista derivada de la noción de progreso de la cultura occidental.

2. Critican la búsqueda de leyes generales de los arqueólogos procesuales. Consistentes con el interpretativismo, los arqueólogos posmodernos simplemente argumentan que los universales en la conducta humana no existen.

3. Rechazan explícitamente el método científico. Piensan que los procesuales son muy rígidos y poco flexibles en la aplicación de método científico, sobre todo en sus primeras publicaciones. Autores como Hodder en sus primeros trabajos manifestaron explícitamente su desconfianza en la aplicación del método.

4. Niegan la objetividad y la neutralidad ética del investigador. A fin de entender las conductas del pasado, los arqueólogos posmodernos sostienen que deben adoptarse interpretaciones empáticas. Así, no solamente se tienen en cuenta los pensamientos y decisiones de los seres humanos en el pasado, sino también que se deben analizar sus aspectos y elementos subjetivos, sus orientaciones espirituales. Mediante la aplicación de interpretaciones empáticas del registro arqueológico, los posmodernos dan por sentado que es posible estudiar la experiencia interna de la humanidad en el pasado.

5. Rechazan la idea de la cultura como un sistema. Para los

---

[1] Se dice de aquel acercamiento que conoce y comprende las necesidades, sentimientos, problemas, y los puntos de vista del otro que es analizado y/o estudiado.

posmodernos esta idea –central para el acercamiento metodológico procesual y de otras corrientes– no hace más que ver a la cultura reaccionando únicamente ante las presiones del ambiente natural. Para ellos existen además una serie de conflictos en las sociedades, los grupos, las familias y los individuos, que no son idénticos en toda la humanidad y que también son motores del cambio.

6. Rechazan la postura etic **de los procesuales.** Los arqueólogos posmodernos defienden una posición más *emic* de la cultura, asignándoles a los artefactos un importante papel simbólico dentro de las relaciones sociales.

Puede observarse que la reacción del posmodernismo contra la Nueva Arqueología es muy extrema y radical en autores como Shanks y Tilley (1987). Sus críticas fueron recibidas calurosamente al principio, pero casi de inmediato se les reconoció su relativismo epistemológico, la falta de una metodología explícita y la negativa a proporcionar el criterio para juzgar adecuadamente las interpretaciones del registro arqueológico. De una manera u otra, tuvieron el mismo efímero auge del posmodernismo en otras disciplinas durante la década de 1980.

3. La arqueología y la nueva agencia social

Uno de los dogmas en la agenda original de los arqueólogos procesuales es que las creencias, los deseos y las elecciones de los seres humanos no son elementos pasibles de ser analizados a través del registro arqueológico, aunque no negaron su importancia. Descansando en su idea de la cultura como sistema, el procesualismo da por sentado la existencia de lo superhumano, «de las fuerzas extrasomáticas» que condicionan la vida cotidiana sin ningún tipo de control –o muy poco– por parte de los individuos. Durante los últimos años, algunos arqueólogos –y en especial los que fueron posmodernos en los años 1980–, influenciados por los trabajos de Weber, Bourdieu y Giddens, no creen esto. Aceptan que cada individuo, desde su propia experiencia, toma conciencia de la realidad del mundo desde su perspectiva personal, sus pensamientos, ideas y subjetividad. Rescatan el rol del individuo como factor de cambio y poder y su relación con la estructura social a la que pertenece. Los temas de estudio de esta perspectiva son muy heterogéneos; entre ellos podemos distinguir al menos cinco líneas relevantes: a) Agencia humana –o Agentividad– *lato sensu*, b) Género, c) Infancia, d) Feminista y e) *Queer*.[2]

3.1 Agencia humana o Agentividad

La corriente agencia humana o agentividad se desarrolla bajo la influencia de varios movimientos intelectuales de la década de 1980. En especial, en diferentes arqueólogos que se sentían frustrados por algunos aspectos de la arqueología procesual. Entre los arqueólogos posprocesuales marxistas, estructuralistas y simbólicos surge un interés explícito por la agencia humana. Uno de los puntos comunes entre estos diferentes enfoques es la idea de que los contextos históricos de interacción material y social, junto con las percepciones no discursivas del mundo, sirvieron como condiciones dentro de las cuales la gente del pasado negoció su mundo, al mismo tiempo que lo creaba y le era impuesto por él.

En las últimas dos décadas el interés por la agencia humana se intensificó en al menos cuatro áreas:

1. Género.
2. Significado de la variación cultural material.

---

[2] Preferimos mantener este término en inglés ya que cualquier opción de traducción distorsionaría su significado (véase más adelante).

3. La conexión de la agencia humana y la cultura material a través de otros puentes teóricos, principalmente la fenomenología y la teoría estructuralista de Giddens.
4. El surgimiento de la desigualdad.

Entre otros enfoques recientes que exploran las acciones y los intereses individuales y su contribución a las transformaciones sociales en gran escala, se encuentran los modelos darwinianos, de predación óptima y los ecológicos evolutivos, aunque con variantes. No hay hasta el momento gran consenso sobre lo que realmente es la agencia humana y cómo debe ser específicamente estudiada en el pasado. Algunas de las definiciones de agencia humana enunciadas por diferentes arqueólogos son:

a) el papel de los pensamientos y las decisiones en la modelación de la evolución y estructura de la sociedad humana (Thomas, 1999),
b) la experiencia de la vida individual en la creación de la historia de vida (Hodder, 2000),
c) la imposición de la forma sobre lo material a través de la actividad creativa socialmente situada (Sassaman, 2000),
d) la creación de distinciones formales y sociales a través de la actividad expresiva (Walker y Lucero, 2000),
e) el despliegue exitoso de las habilidades y el conocimiento tecnológico discursivos y no discursivos (Dobres, 1995).

Dobres y Robb (2000) sostienen que hay cuatro principios a los que adhieren la mayoría de los teóricos de la agencia humana, que son: a) la importancia de las condiciones materiales de la vida social, b) la influencia de las estructuras materiales, sociales y simbólicas y de las instituciones, costumbres y creencias que simultáneamente restringen y capacitan a los agentes, c) la importancia de las motivaciones y acciones de los agentes y d) la dialéctica de la estructura y la agencia humana.

Los estudios sobre agencia humana buscan rescatar el rol del individuo como factor de cambio y poder. Esta perspectiva ofrece a los arqueólogos los medios analíticos para ir más allá de las explicaciones generales adaptacionistas del cambio cultural, considerando al individuo y al grupo social como posibles generadores del cambio. Como tal, el concepto de agencia humana ha ganado prestigio en una gran variedad de investigadores, de perspectivas posprocesuales muy diferentes que van desde las feministas hasta la de los ecólogos evolutivos.

Algunos arqueólogos, como Janet Spector (2000), afirman que para desarrollarla hace falta un acercamiento más empático que incluya no sólo los pensamientos y las decisiones de los individuos, sino también sus orientaciones espirituales. Las experiencias profundas en los individuos deben ser estudiadas, ya que proporcionan claves para entender el pasado humano. Para llegar a esto, este enfoque presupone la existencia de un *background* común, una estructura compartida detrás de todas las experiencias humanas. Esto le permitiría al investigador construir un «puente», una relación entre los sentimientos, los deseos y sus significados en el pasado, empleando el registro arqueológico. Por lo tanto, se admite que tanto los investigadores actuales como sus grupos sociales del pasado comparten configuraciones cognitivas más o menos semejantes, lo que facilita la inferencia arqueológica. Esta aproximación empática se basa en dos principios. El primero es que los pensamientos y las decisiones son realmente individuales, que no son compartidos por la *superestructura*. El segundo es que las acciones colectivas y las instituciones que comparten los individuos son interpretadas como producto directo de decisiones y acciones de individuos en el pasado. Algunos de estos aspectos son también tomados por la arqueología cognitiva.

Otros arqueólogos no utilizan la metodología empática ni el relativismo. Dobres y Robb (2000) analizan el cambio en sociedades prehistóricas italianas considerando indicadores de desigualdad en términos de edad, género y prestigio. Examinan la evidencia de la jerarquización del género masculino a través del arte rupestre, las figurinas y los enterratorios hacia los años 3000 a.C. Robb, sobre la base de Giddens, sostiene que, aunque las acciones del individuo están estructuradas por el sistema social en que vive, sus acciones específicas también lo construyen, reconstituyen y cambian. En este sentido, los sistemas sociales son tanto el medio como el resultado de las acciones de la gente. En su estudio, Robb no busca resolver el origen de la desigualdad sino contribuir al conocimiento del desarrollo de sociedades prehistóricas en Italia. Utilizando conceptos de la acción social y el significado, este investigador muestra cómo el simbolismo de género pudo haber motivado a los hombres a participar en diversas y cambiantes instituciones como la caza, la guerra, la intensificación económica y el comercio; y cómo estas instituciones reprodujeron la ideología de género.

3.2 Arqueología de género

El estudio del género en arqueología se encuentra dentro de dos aproximaciones muy diferentes que pueden delinearse a partir de la relación entre género y biología: a) los estudios positivistas y b) los pospositivistas.

Los estudios positivistas consideran que el sexo biológico determina el género. En este caso su estudio significa identificar a las mujeres y los hombres biológicos en la prehistoria (e.g. la exploración de las diferencias en la dieta, enfermedades y mortalidad entre los sexos). Una de las técnicas para identificar a las mujeres en la prehistoria utiliza la evidencia contextual (evidencias osteológicas, representaciones iconográficas, textos históricos). Otra técnica emplea la analogía etnográfica (la evaluación de la asociación entre hombres y mujeres con actividades particulares).

Por ejemplo, Christine Hastorf (1996) analiza las relaciones sociales y de género en la prehistoria, y en particular en las mujeres andinas, a través del estudio de los alimentos. Sostiene que así como el uso y la distribución de los alimentos puede expresar relaciones políticas, sociales y económicas, también refleja el desarrollo y el mantenimiento de las relaciones de género en un grupo social. Hastorf postula que, sin importar cuál es el género a cargo de la preparación de la comida, la expresión de las relaciones entre hombres y mujeres opera donde los alimentos se producen, preparan, sirven y/o descartan. La autora examina las relaciones etnográficas andinas entre alimentos y género en lo económico y político. Centra su análisis en la interpretación de los alimentos y la dieta en el registro arqueológico de la sociedad Sausa en Perú (1300 a 1532 d.C.), especialmente en los datos paleoetnobotánicos. Hastorf utiliza dos enfoques complementarios. Primero explora las distribuciones espaciales de los restos de alimentos como indicadores de los roles de hombres y mujeres. Luego observa la ingesta de alimentos de hombres y mujeres a través del análisis de isótopos estables en esqueletos masculinos y femeninos para entender cómo el acceso a diferentes alimentos puede significar diferentes posiciones sociales.

Los estudios pospositivistas entienden al género y al sexo como construcciones sociales. En este tipo de análisis se busca reconstruir las dinámicas del género a través del análisis de contextos históricos específicos. El género es entendido como contingente y contextual, como una construcción que varía de sociedad en sociedad. Joan Gero y Margaret Conkey (1991) definen al género como un elemento constitutivo de las relaciones sociales humanas basado en diferencias y similitudes adscriptas culturalmente. En muchas sociedades se reconocen más de dos géneros, y el género puede tener diferentes significados según la edad y el contexto social. La disociación entre los roles sexuales biológicos y los roles sociales fue una contribución realizada desde la arqueología feminista (véase el apartado «Arqueología feminista»).

Investigadores como Yates (1994) sostienen que nuestra propia definición de las diferencias sexuales biológicas es, en algún punto, cultural. Existe un *continuum* biológico entre lo «femenino» y lo «masculino» en distintas dimensiones. La dimensión que se enfatiza y el límite que elegimos son, en gran parte, elecciones culturales. Como afirma Foucault, el «sexo» no es dado sino que es producido en contextos históricos particulares. El componente biológico es uno de los varios componentes en la construcción cultural de la sexualidad y las relaciones sociales.

3.3 Arqueología de la infancia

Al igual que el género, las categorías de infancia, adolescencia, juventud y otros términos utilizados para denotar la edad pueden ser entendidos como construcciones culturales (Kamp, 2001). Estudios transculturales han mostrado que existe una gran variabilidad en sus definiciones en distintas poblaciones. Las sociedades occidentales modernas tienden a enfatizar la edad y a menudo utilizan categorías rígidas, vinculadas a la edad cronológica. En contraste, otras sociedades reconocen estados de maduración que no toman en cuenta la edad biológica, sino habilidades, actividades, personalidad y/u otros atributos individuales.

Una de las principales fuentes arqueológicas para establecer grupos de edad son los enterratorios. Sin embargo, la mayoría de los estudios paleobiológicos sobre salud y nutrición en los niños no utiliza los datos arqueológicos para establecer los límites de los grupos de edad. Estos estudios emplean definiciones de grupos lógicas desde el punto de vista del investigador, y luego se ponen a prueba las diferencias entre los grupos. En contraste, quienes consideran los grupos de edad como construcciones culturales sostienen que estos análisis deben comenzar con una exploración que busque las diferencias implicadas en las definiciones locales de edad. Desde este enfoque, la edad es un principio importante de la organización social y por lo tanto no debe ser ignorada en el análisis de las sociedades pasadas. Al igual que los adultos, los niños tienen roles sociales y económicos importantes dentro de la comunidad y los datos arqueológicos pueden contribuir al conocimiento sobre la vida y los roles de los niños en una sociedad dada.

Algunos estudios han comenzado a tratar el problema de identificar los materiales producidos por los niños. Kathryn Kamp (2001) utiliza la combinación de las huellas digitales y las medidas cuantitativas y cualitativas hechas sobre figurinas de arcilla y sobre vasijas entre los sinagua del norte de Arizona. La autora sostiene que se pudo estructurar el aprendizaje usando los juegos y la producción de juguetes para familiarizar a los niños con las propiedades de la arcilla y el proceso de manufactura. Esto habría permitido que el proceso de aprendizaje comenzara entre los 2 y 5 años facilitando su incorporación en el sistema económico como artesanos competentes a una edad muy temprana.

Otro acercamiento es el de Gustavo Politis (1999), quien considera la producción de artefactos por la actividad infantil como parte del registro arqueológico de los cazadores-recolectores. Si bien desde hace un tiempo se ha reconocido que los niños son productores y consumidores de cultura material, lo que se discute es su visibilidad arqueológica. Politis sostiene la importancia metodológica del uso de la argumentación analógica a través de la información histórica y etnográfica y de los grupos humanos actuales para poder reconocer los productos de la actividad infantil. La fuente que utiliza es principalmente la información obtenida en sus observaciones de los nukak de la Amazonia colombiana, complementada con la de otros grupos cazadores-recolectores sudamericanos. El autor observa que los niños nukak utilizan tres clases de juguetes: 1) los que tienen diseño específico, 2) los que replican la forma de los artefactos de los adultos aunque de menor tamaño y utilizados con las mismas funciones adultas o con fines lúdicos y 3) los que son de los adultos, enteros o fragmentados. Otro punto de interés es el lugar de descarte, pues los niños desechan la gran mayoría de sus objetos en el campamento residencial, mientras que los adultos también lo hacen en los lugares de uso de los artefactos. La confección de distintos tipos de artefactos por y para los niños es una conducta registrada en todos los grupos de cazadores-recolectores estudiados antropológicamente, y por lo tanto de importancia arqueológica. A partir de sus observaciones, Politis genera expectativas para las dos primeras clases de artefactos sobre la base de su morfología, dimensiones, tecnología y *locus* de descarte.

Considerar los diferentes grupos de edad es de gran importancia pues constituyen una fuente significativa de variedad artefactual. Poder reconocerlos arqueológicamente permitiría comenzar a ver el rol diferencial que pudieron tener en diversos grupos etarios. Así podremos acercarnos a la variabilidad artefactual producida por distintos grupos dentro de una sociedad, en forma independiente de condicionamientos económicos.

3.4 Arqueología feminista

Esta perspectiva se difundió a principios de la década de 1980, como otra de las reacciones posprocesuales. Su surgimiento explícito es paralelo al crecimiento del tema en otras disciplinas –sociología, literatura, antropología, historia–, al del movimiento feminista y la teoría feminista en general. La arqueología feminista abarca diferentes temas entre los cuales podemos nombrar:

a) la corrección del sesgo masculino en arqueología,
b) la crítica de las estructuras existentes en la práctica arqueológica,
c) la evaluación de la historia de la arqueología, y
d) el examen del género en el registro arqueológico.

a) La corrección del sesgo masculino en arqueología

Este es el punto de partida de los temas que analizan. Un ejemplo muy obvio es el denominado uso sexista del lenguaje: «hombre»

para el ser humano en general, o «él» cuando se puede especificar él
o ella. Las mujeres están fuera de los discursos, y cualquier intento
por reinsertarlas se vuelve dificultoso. El problema central está en
la construcción de discursos donde las mujeres no han sido toma-
das en cuenta. Las feministas sostienen la importancia de aislar los
presupuestos androcéntricos porque al revisar estudios arqueológicos o etnográficos realizados en el pasado se percatan de que fueron
realizados desde un punto de vista sesgado en favor de lo masculino. Por ejemplo, muchos estudios etnográficos clásicos han sugeri-
do que el dominio masculino es universal. Pero si observamos más
atentamente, la mayoría de estos estudios se realizaron en el siglo
XIX por etnógrafos, predominantemente de sexo masculino, que
«naturalmente» les hacían preguntas sobre el sistema político a los
hombres más que a las mujeres, y tendían a interpretar las ambi-
guas respuestas en términos de sus preconceptos y expectativas vic-
torianas. Lo mismo sucede con la conocida oposición entre cultura
y naturaleza: las feministas sostienen que es una dicotomía basada
en el género, y situada históricamente a partir de la idea del siglo
XVIII en la que la cultura ordenaba, dominaba y racionalizaba la
naturaleza caótica. De la misma manera debe reconocerse la ideología de género subyacente acerca del dominio del hombre (intelectual y cultural) por sobre la mujer (emocional y natural). En este
sentido la información etnográfica e histórica debe ser cuestionada
y teorizada antes de ser aceptada ciega y acríticamente.

b) La crítica de las estructuras existentes en la práctica arqueológica

Las arqueólogas feministas cuestionan la posición de las mujeres
dentro de la profesión arqueológica. Gero (1994) analizó la entre-
ga de subsidios de investigación y encontró que estadísticamente
los hombres reciben más becas para trabajos de campo, y las mujeres, en contraste, reciben becas para hacer lo que ella denomina
«arqueología doméstica»: análisis de cerámica, construcción de
tipologías, seriación de artefactos. La mujer trabaja en un espacio

cerrado, es pasiva, receptiva, sedentaria y protegida; su trabajo es ordenar y sistematizar. Si bien todos estos trabajos son necesarios para la investigación, la disciplina no los evalúa equitativamente. El trabajo de campo es considerado una actividad privilegiada en comparación con el análisis de materiales arqueológicos. Sin embargo, los objetivos de la investigación arqueológica exigen un énfasis en la construcción de teoría y de nuevos enfoques en los problemas arqueológicos y no la acumulación de grandes colecciones de materiales arqueológicos que por sí solos no nos dan respuestas. Si las respuestas sobre la conducta humana se develan a través de las preguntas que les formulamos a nuestros datos y de los marcos teóricos de los cuales surgen nuestras preguntas, la excavación no debe considerarse el modo principal de investigación, independientemente del marco teórico empleado.

c) La evaluación de la historia de la arqueología

Según los manuales tradicionales, la arqueología se desarrolló a partir de los descubrimientos y el intelecto de «grandes hombres». La contribución de las mujeres al desarrollo de la arqueología fue sistemáticamente minimizada. Estudios recientes analizan los desafíos de las primeras arqueólogas (Thomas, 1999). Por ejemplo, Colin Renfrew y Paul Bahn (2000) encontraron que muchas arqueólogas de los siglos XIX y XX aceptaban que, una vez casadas, su carrera ya no era profesional, y colaboraban en el trabajo académico de sus maridos con muy poco reconocimiento público. Algunas de las arqueólogas pioneras fueron: Harriet Boyd Hawes (norteamericana, especialista en Creta), Gertrude Caton-Thompson (inglesa, trabajó en Egipto y Zimbabwe), Anna Shepard (norteamericana, experta en cerámica del sudoeste de Estados Unidos y Mesoamérica), Dorothy Garrod (inglesa, la primera mujer profesora en Oxford y Cambridge, realizó importantes trabajos en el Oriente Próximo y Europa) y Kathleen Kenyon (norteamericana, aplicó el método estratigráfico en el Oriente Próximo).

d) El examen del género en el registro arqueológico

Lo que a nosotros nos parece importante desde el punto de vista de los marcos teóricos en arqueología, y específicamente dentro del análisis de género, es cómo se pueden identificar las diferentes construcciones del género en el pasado a través del registro arqueológico (véanse los apartados «Arqueología de género» y «Arqueología de la infancia»). Es por ello que, si bien los tres puntos anteriores son relevantes en el discurso académico, entendemos que un marco teórico que involucre análisis de género debe trascender algunos de los aspectos antes mencionados para no transformarlo en un reduccionismo sectorial. El punto central en este abordaje es que existe variación en el rol de cada género de cultura a cultura. Para algunos investigadores, una distinción teórica importante es la de *sexo y género*. El sexo es biológico, es nacer hombre o mujer. Pero hay una diferencia entre nacer hombre o mujer y la experiencia de ser hombre o mujer en una sociedad dada. Por lo tanto, en esta visión, el género está culturalmente construido y varía de sociedad en sociedad.

Existe el presupuesto generalizado en las ciencias sociales de asociar al hombre y a la mujer respectivamente con la caza y la recolección, lo público y lo privado, la cultura y la naturaleza. Esto precisamente fue lo que llevó a plantear el conocido modelo «hombre cazador-mujer recolectora» (Lee y DeVore, 1968; confrontar con Dahlberg, 1983) y que la caza fuera más importante en el desarrollo de la sociedad. Dichas asociaciones implican una visión de la mujer con una esencia universal e inmutable para todas las sociedades en todo lugar y momento. Se deben cuestionar los supuestos sobre rígidas divisiones binarias del trabajo. Las asociaciones entre actividades y género no se pueden presuponer, deben analizarse y establecerse en cada caso particular. La arqueología feminista se distingue de otros enfoques no sólo por la conciencia sobre la cuestión del género sino por su crítica y corrección de los sesgos sexistas en arqueología (Spencer-Wood, 1992). No consiste en agregar mujeres a los modelos sexistas sino en trabajar para que el género no sea un tema definido, analizado y construido desde el punto de vista masculino.

3.5 Arqueología Queer

A finales de la década de 1990 se origina la postura *Queer* en Europa y Estados Unidos. Los científicos enrolados en esta línea desafían, activa y explícitamente, la heteronormatividad de la práctica científica, continuándola con la actividad política fuera de la Academia (Dowson, 2000). Rechazan explícitamente la condición posmoderna. El movimiento *queer* empezó como un desafío a las construcciones esencialistas de una identidad homosexual. En contraste con las identidades lesbianas y gay, la identidad *queer* no se basa en una noción de una verdad estable o en una realidad determinada. Como sus sostenedores dicen, la teoría *queer* no es una teoría en el sentido científico de la palabra en lo que hace a proponer un sistema de ideas que sirvan para explicar algo, como la teoría marxista o la teoría de la relatividad de Einstein. Es por ello que no es positivista, sino más bien una manera de producir una reflexión, una manera de tomar una posición *vis-à-vis* la norma autoritaria dominante. Para efectuar esa toma de posición, se reconocen diferentes formas, riesgos, ambiciones y ambivalencias en varios contextos de interacción humana. Esto permite reordenar las relaciones entre las conductas sexuales, las identidades eróticas, las construcciones de género, las formas de conocimiento, los regímenes de enunciación, la lógica de representación, etc., para reestructurar las relaciones entre el poder, la verdad y el deseo. La posición no está restringida al estudio de los hombres y las mujeres homosexuales, por el contrario está abierta a cualquiera que siente que por su posición –sexual, intelectual, o cultural– es marginado. Para ellos ningún individuo puede ser marginado por ser considerado anticonvencional o patológico; más bien el movimiento favorece múltiples posiciones, todas igualmente válidas.

La arqueología *queer* está activamente comprometida en dejar de lado el discurso arqueológico normativo. Para ello necesariamente tiene que confrontar y romper con la presunción de heterosexualidad como la norma inherente en la interpretación arqueológica. Esta perspectiva no implica «excavar» para-por los homosexuales, o cualquier otro supuesto sexual anticonvencional, en el pasado. Ni se plantea la búsqueda de los orígenes de la homosexualidad. Tampoco es un manifiesto para promover la homosexualidad. Por el contrario, trata de forzar a explorar prácticas que abiertamente existen en las culturas hoy, y que pudieron haber existido desde hace mucho tiempo en todas las poblaciones, pero que o bien se las ha señalado como anticonvencionales o bien se las excluyó totalmente de cualquier interpretación. Ese pasado es lo que les permite construir una voz de los grupos subordinados y marginales actuales, construyendo de ese modo su historia. Así como las personas homosexuales no tienen vergüenza de su sexualidad y no temen que las desaprueben, los arqueólogos *queer* no se avergüenzan de su producción y no necesitan temer a la desaprobación de autoritarismo normativo que caracteriza a la academia arqueológica.

4. La arqueología marxista

El diálogo entre la arqueología y la teoría marxista ha variado a lo largo del siglo XX y en los diferentes escenarios donde fue aplicada. El marxismo es una filosofía, una tradición de pensamiento, un modo de producción teórica que ha producido y producirá muchas variaciones y aproximaciones (McGuire, 1992; Trigger, 1993). Dentro de la gran variedad de perspectivas que caracterizan al marxismo en la arqueología, existe un conjunto de principios generales que la mayoría de ellas comparten:

1. Proclaman a Marx como un importante ancestro intelectual y fuente de inspiración. Su trabajo es un punto de partida, no un punto de llegada.

2. Buscan dar cuenta del cambio sociocultural en términos de una estructura teórica y filosóficamente similar, que pone a las relaciones sociales como el centro de investigación. Busca refutar las oposiciones que confunden la investigación: mentalismo y materialismo, humanismo y ciencia, historia y evolución, relativismo y determinismo.

3. Tratan a la sociedad como un todo que tiene que ser finalmente entendido como tal. No aceptan la idea de que los intelectuales pueden llegar a un mejor entendimiento del proceso social, reduciendo el fenómeno social a sus partes y examinándolas.

4. Enfatizan la contradicción y el conflicto como rasgos vitales de la sociedad humana y fuentes internas del cambio en dicha sociedad. Por lo tanto, rechazan el funcionalismo, la noción de que el fenómeno social puede ser entendido adecuadamente en términos de cómo funciona para mantener la sociedad o le permiten adaptarse al medio.

5. Tienen una visión de la historia centrada en el hombre, que le da a la acción humana o *praxis* un papel significante en el proceso histórico. Repudian cualquier forma de determinismo –ambiental, material o tecnológico– y la idea de conocimiento abstracto divorciado de la acción de la gente.

6. Reconocen que el conocimiento del pasado se crea en un contexto social y político, y que la gente hace su conocimiento. Este no puede ser simplemente una reflexión acerca de la realidad de ese pasado. Así, los intelectuales deberían completarlo para ajustarlo a la agenda social y política.

7. Comparten el compromiso de creer que las relaciones de poder y la estructura del mundo moderno dominado por el capitalismo son injustas y destructivas para la gente. Todas las perspectivas abogan por alguna forma de socialismo como la alternativa a este sistema.

La arqueología marxista posee una epistemología materialista. La realidad existe independientemente de su conocimiento y es estructuralmente injusta, y propone transformarla. Cuanto más cercano el conocimiento esté de reflejar la realidad tal como es, más probabilidad hay de que las acciones logren sus fines. En cada formación social existe una estructura subyacente. Lo que determina a una sociedad es el modo de producción, es decir, la infraestructura (formada por las fuerzas productivas). Los autores marxistas clásicos proponen que la superestructura –grupos políticos, judiciales e ideológicos– está supeditada a la infraestructura, en tanto que para los autores neomarxistas existe una relación dialéctica entre ambas. La estructura no es visible sino que está enmascarada por la ideología. En la arqueología, la cultura material tiene un papel activo, ya que actúa para que el sistema funcione. Por esto, el pasado tiene que ser interpretado por la ideología del pasado. La arqueología marxista intenta encontrar en las sociedades del pasado los mecanismos de las clases dominantes para perpetuarse en el poder. Esto puede observarse tanto en los elementos de uso cotidiano como en los elementos de lujo, la arquitectura y otros tipos del registro arqueológico.

La arqueología marxista rechaza de la arqueología procesual el determinismo ambiental, ya que el cambio está dado por las contradicciones que se generan dentro de la misma sociedad. Los factores ecológicos son vistos sólo como condicionantes. El cambio dentro de las sociedades se da a partir de dos tipos de contradicciones:

a) entre los intereses de los grupos sociales debido a la división de clases con intereses antagónicos,

b) entre las fuerzas productivas y las relaciones de producción. En el caso de las sociedades precapitalistas, algunos autores marxistas plantean que el lugar de las relaciones de producción lo toman las relaciones de parentesco.

V. Gordon Childe fue el primer arqueólogo occidental –en Gran Bretaña– que aplicó la teoría marxista en su trabajo. Childe vio a la arqueología como un medio de poner a prueba y perfeccionar las observaciones marxistas a largo plazo. En sus libros planteó su visión materialista de la prehistoria europea. Introdujo un concepto de evolución en el cual los cambios en el conocimiento tecnológico producen cambios sociales, políticos y económicos. Vio a los factores superestructurales como una influencia negativa o conservadora que opera contra el cambio social. En Estados Unidos fue Leslie White uno de los primeros antropólogos en mostrar influencia de Engels y Morgan, lo que le llevó a proponer su teoría de evolución cultural; esa influencia también se aprecia en algunos aspectos de la propuesta ecológico-cultural de L. Steward.

Si bien los primeros enfoques marxistas surgen en Europa, América Latina los desarrolla tempranamente. En el cuadro 2.1 comparamos la aplicación del marxismo con el transcurso del tiempo y de los cambios políticos a nivel mundial.

1950-1960	
Corrientes en América Latina	*Corrientes anglosajonas*
• El fin de la Segunda Guerra Mundial encuentra a la mayoría de los países de América Latina bajo un régimen militar, por lo que se limitan o prohíben los estudios marxistas. • En México los arqueólogos norteamericanos siguen investigando en las Tierras Bajas Mayas y una nueva generación empieza a trabajar en el Valle de México (Eric Wolf, Ángel Palerm y Pedro Armillas). •	• Steward y White ganan adherentes y V. G. Childe es caracterizado como evolucionista unilineal. Steward y sus alumnos tomaron ideas de inmigrantes de Europa oriental a los Estados Unidos durante la guerra, como Wittfogel y Polanyi. • Sahlins introduce en la arqueología los conceptos de economías de reciprocidad y redistributivas de Polanyi. • Pocos investigadores adaptan los enfoques marxistas ya que se encuentran desilusionados por la derrota de la Guerra Civil Española y por el temor stalinista. • Esplendor del *macartismo,* que limita las posiciones que los autores pudieron tomar públicamente.

Cuadro 2.1. Comparación de la aplicación de la perspectiva marxista en arqueología durante el siglo XX.

1960-2000	
Corrientes en América Latina	**Corrientes anglosajonas**
• Década de 1960: resurgimiento de la arqueología marxista como consecuencia de los movimientos revolucionarios. • Década de 1970: se desata la ola de represión en América Latina por la imposición de regímenes militares. Los arqueólogos marxistas se «resisten» a la Nueva Arqueología. • Como consecuencia de ello, en diferentes países de Sudamérica, distintos arqueólogos marxistas –F. Bate y J. Montané– emigran a México y comienzan a trabajar en la Escuela Nacional de Antropología e Historia (INAH). En otros países –México, Perú y Venezuela– se pudo continuar con el desarrollo del enfoque. • 1983: se forma el Grupo Oaxtepec –o Grupo del Pacífico– con F. Bate, I. Vargas, L. Lumbreras, J. Montané, M. Gándara y M. Sanoja. Vuelven sobre los trabajos de Marx y Engels y rechazan al marxismo estructuralista francés en su idea de que los modos de producción pueden existir como entidades separadas. Buscan una teoría de la totalidad social. A diferencia de este consideran a las formaciones sociales como abstractas. • Grupo Oaxtepec influyó en la arqueología del mundo hispanoparlante. Esto no se debe sólo al idioma sino a que muchos arqueólogos latinoamericanos y españoles encuentran a la arqueología angloparlante marxista y posprocesualista superficial y mayormente interesada en las luchas políticas dentro del mundo académico más que en el desarrollo de teorías alternativas sobre la sociedad.	• Década de 1960: autores como Diamond, Wolf y Leacock hacen explícitos sus enfoques marxistas. Leacock empieza a trabajar en un enfoque marxista feminista. Patterson comienza sus estudios en Perú. Leone usa el enfoque marxista aplicado a la arqueología histórica. • Década de 1970: el marxismo fue más prominente en Gran Bretaña que en Estados Unidos porque estos últimos tomaron más en cuenta al estructuralismo francés. • Década de 1990: en Estados Unidos, Randall McGuire revitaliza los enfoques marxistas en arqueología.

Cuadro 2.1. Comparación de la aplicación de la perspectiva marxista en arqueología durante el siglo XX (continuación).

5. Arqueología cognitiva

La arqueología cognitiva estudia a las sociedades poniendo especial énfasis en los procesos de pensamiento humano y en su conducta simbólica. Aun cuando el registro arqueológico sólo consiste en los restos materiales de las actividades humanas y no tenemos información directa sobre los tipos de sistemas de creencias o sobre los procesos del pensamiento que existieron en las mentes de los que los crearon, esta corriente sostiene que es posible inferirlos, ya que el registro arqueológico posee información sobre ellos. La arqueología cognitiva afirma que para una correcta interpretación de la cultura material del pasado, de los procesos conductuales que la crearon y de los patrones del cambio cultural –evidentes en el registro arqueológico, como lo son el origen de la agricultura y el desarrollo de la sociedad estatal– se hace necesario entender los sistemas de creencias y los procesos de pensamiento que los crearon. Si bien estos estudios se inician a comienzos de la década de 1980, se caracterizan por su diversidad de acercamientos. En rigor de verdad, parte de este acercamiento comienza con los primeros trabajos de Hodder (1982), cuando pone énfasis en los aspectos simbólicos de la conducta humana.

Revitalizada a partir de 1990, la arqueología cognitiva parece tener dos orientaciones dominantes: a) la cognitivo-procesual y b) la evolutivo-cognitiva. La primera intenta lograr un énfasis igual entre el pensamiento simbólico y la ideología dentro de un marco científico de referencia en el que puedan evaluar preguntas sobre las creencias del pasado y formas de pensamiento de una manera objetiva. Esto cubre un rango sumamente amplio de estudios en los que el interés se centra en la ideología, el pensamiento religioso y la cosmología (Flannery y Marcus, 1996; Renfrew, 1985; Renfrew y Zubrow, 1993). Estos estudios defienden que los aspectos del pensamiento y de la conducta humana son tan posibles de analizar como lo son la tecnología y la subsistencia. Los casos estudiados cuentan, además, con archivos escritos que permitieron complementar la evidencia arqueológica y por lo tanto hicieron sencilla la reconstrucción de creencias del pasado.

El enfoque cognitivo procesual considera a la arqueología cognitiva como el estudio de aquellos aspectos de la cultura que son el producto de la mente humana. Ejemplos pueden ser la percepción, descripción y clasificación del universo (cosmología); la naturaleza de lo sobrenatural (religión); los principios, filosofías, éticas y valores por los cuales las sociedades humanas están gobernadas (ideología); las maneras en que los aspectos del mundo, lo sobrenatural o los valores humanos se transmiten en el arte (iconografía) y todas las otras formas de intelecto humano o comportamiento simbólico que sobreviven en el registro arqueológico. Flannery y Marcus (1996) sostienen que un enfoque cognitivo sólo puede utilizarse cuando hay un cuerpo de datos suficientemente rico. Es decir, cuando están disponibles datos históricos y/o etnohistóricos adecuados. Este es el caso de los aztecas del siglo XVI o los egipcios del Nuevo Imperio. Por el contrario, cuando hay muy poca información disponible de los tipos mencionados, la reconstrucción de los aspectos cognitivos bordea «la ciencia ficción». Esos autores afirman que los aspectos cognitivos no son epifenómenos como sostenía la Nueva Arqueología.[3] La cosmología afecta la manera en que el ambiente natural es utilizado, la religión puede promover o inhibir el comercio con extranjeros, la ideología debe cambiar antes que la sociedad de rangos pueda emerger y la iconografía puede ser utilizada para reforzar los valores militares de los jefes en competencia. Un ejemplo concreto de aplicación puede verse cuando Flannery y Marcus estudian el papel de la religión en sociedades con documentos etnohistóricos como los zapotecas del antiguo México. Este método consiste en:

---

[3] Es importante recordar aquí que Flannery fue uno de los principales referentes de la Nueva Arqueología, desde sus inicios. Es por ello que también sostiene que, dentro de la corriente cognitiva, el estudio debería centrarse en los procesos.

1) Construir un modelo de la religión antigua a partir del análisis de los documentos etnohistóricos.

2) Aislar aquellos elementos, como estructuras de templos o arte-factos rituales, que posiblemente se preservan en el registro ar-queológico.

3) Realizar un análisis de los planes del antiguo templo y un análi-sis contextual de la parafernalia ritual.

4) Comparar y contrastar los restos arqueológicos observados con el patrón esperado derivado de los documentos etnohistóricos.

Por su parte, la posición evolutivo-cognitiva analiza la evolu-ción de la mente humana. Sostiene que el registro fósil propor-ciona los medios esenciales para reconstruir el pensamiento y la conducta del pasado, y las presiones selectivas sobre los cuales se dio la evolución cognitiva. Los estudios de fósiles humanos y arte-factos necesitan ser seguidos en una forma muy integrada si inten-tamos reconstruir la evolución de la mente humana. La última década ha visto un desarrollo interesante del tema; en realidad el psicólogo Merlin Donald (1991), fue el primero en proponer una teoría de la evolución cognitiva, haciendo un uso importante de información arqueológica.

Los desarrollos más importantes en la arqueología cognitiva son los de Mithen (1996), quien intentó integrar esta corriente con la psicología evolutiva. Mithen sostiene que los humanos pre-modernos –por ejemplo, *Homo erectus*, Neanderthales– tenían una mentalidad dominio-específica y que esto se ve en el carácter parti-cular de su registro arqueológico. En su modelo, el surgimiento del arte, el pensamiento religioso y el pensamiento científico –*circa* 30.000 años, es decir 70.000 años después de los humanos anató-micamente modernos– tienen origen en una habilidad nueva. Esta parece relacionarse con una interacción entre las formas del pensa-miento y los diferentes tipos de conocimiento, y esto quedó «atra-pado» en dominios cognitivos específicos. Una primera fase se caracteriza por la prevalencia del dominio de una inteligencia general que caracteriza a las diferentes especies no humanas. Aquí predominan el aprendizaje y la toma de decisiones directas, procesando rutinariamente un limitado número de información y realizando simples interrelaciones para resolver problemas sencillos. En una segunda fase, surge un dominio más especializado en el que los individuos se dedican a conductas particulares. Aquí se desarrollan artefactos de más de un componente, y el conocimiento del mundo natural es más completo, complementándose con una organización social simple en las poblaciones prehumanas. En la última fase, aquellas múltiples especializaciones que se encontraban más o menos inconexas comienzan a trabajar en forma más vinculada, gracias al lenguaje y a un desarrollo más organizado de las estructuras sociales. Esto es lo que haría surgir para Mithen el verdadero comportamiento humano, caracterizado por una capacidad para resolver los problemas, crear artefactos y productos, desarrollar el arte y la religión. De esta manera aumenta el flujo de conocimiento e ideas, produciendo comportamientos más complejos y, por lo tanto, una mayor diversidad artefactual en los conjuntos arqueológicos. Para Mithen esto resulta evidente en el desarrollo particular de la cultura desde hace *circa* 30.000 años y, sobre todo, en el carácter acumulativo del conocimiento, algo que había estado ausente de las culturas anteriores.

6. Teorías evolutivas neodarwinianas

La Teoría de la Evolución posee una larga historia dentro de las ciencias sociales y, en especial, dentro de la arqueología y la antropología. Ejemplo de ello son los trabajos de L. H. Morgan y K. Marx en sus sistematizaciones de cambio y desarrollo social, y el de Service en su esquema de progreso o desarrollo social y político. En arqueología específicamente, estos esquemas de progreso se aplicaron al estudio de colecciones de instrumentos junto con la utilización de analogías de diferentes pueblos etnográficos contemporáneos. Sin embargo, la utilización del concepto de progreso y direccionalidad en el cambio proviene de los desarrollos de Herbert Spencer, contemporáneo de Darwin y Wallace, que adaptó el modelo de evolución por selección natural de ambos autores a las ciencias humanas. El impacto de este simple modelo de progreso fue enorme. Principalmente porque se ajustaba a lo que parecía ser el resultado actual de ese proceso en las sociedades occidentales, y en especial de aquellas que se encontraban dentro del marco de la Revolución Industrial.

Paulatinamente, dicho modelo encontró sus limitaciones. El avance de las investigaciones tanto en antropología como en arqueología muestra que la diversidad y complejidad de las trayectorias de cambio seguidas por las sociedades humanas no es reductible a un simple modelo progresista. La necesidad de superar estas limitaciones teóricas y de buscar programas más refinados de cambio cultural llevó a inicios de 1980 a la aparición de diversos modelos formulados a partir de la Teoría de la Evolución de Charles Darwin (Bettinger, 1980; Dunnell, 1980; Rindos, 1980; Winterhalder y Smith, 1981), es decir no spenceriana ni unilineal. Si bien son muchos sus aspectos y ramificaciones, todos comparten aspectos teóricos y metodológicos comunes. Nos centraremos aquí en aquellos más básicos de la aplicación de la Teoría de la Evolución en arqueología y antropología, analizando tres orientaciones dentro de esta corriente: la arqueología seleccionista, la ecología evolutiva de la conducta humana y la teoría de la herencia dual.

6.1 Arqueología seleccionista

Robert Dunnell (1980) y David Rindos (1980) replantean el foco de estudio de la arqueología –el primero– y la antropología –el segundo–, proponiendo un cambio en el marco teórico-epistemológico. Dunnell plantea este cambio a partir de la incorporación de la teoría darwiniana de la evolución. Esta teoría científica se centra en la diversidad y en la dinámica de cambio, más que en tendencias comunes y en la construcción de períodos estáticos, como lo hacen las corrientes tradicionales y procesuales.

Dos elementos fundamentales estructuran la diversidad y el cambio en el seleccionismo: 1) la variación azarosa (no direccional) y 2) la selección natural. La primera implica que los individuos generan variación a través de diversas conductas –i.e aprendizaje, replicación, falta de información–, es decir, generan nuevas formas de conducta, observables empíricamente a través de los artefactos. De esta manera, un individuo al confeccionar un instrumento, puede generar nuevas formas por errores en el proceso de talla. O al innovar en las técnicas de caza, producir nuevas conductas relacionadas con las prácticas de subsistencia. Sin embargo, que la variación sea azarosa no implica que los individuos no sean agentes racionales (i.e. al instrumentar una estrategia en respuesta a un problema adaptativo). Por el contrario, esta respuesta no puede ser direccional en el sentido de que no prevé o anticipa con certeza los resultados de sus acciones, y menos aún en el largo plazo. Este elemento aleatorio es fundamental en el modelo de cambio neodarwiniano, ya que la selección natural es un proceso que no posee dirección alguna, no persigue propósito alguno.[4] Así la evolución no implica mejora ni progreso alguno, sino solamente cambio en la diversidad. Esto no significa, sin embargo, que la complejización cultural o social no se relacione con este proceso, sólo que no es un fin en sí mismo sino un producto secundario, una resultante del proceso.

Otro aspecto fundamental es el que se relaciona con las unidades sobre las cuales la selección actúa y con las unidades de cambio observadas por los arqueólogos. Ambos aspectos plantean una mo-

---

[4] Por ejemplo una creciente adecuación o perfección de estrategias o la complejización de un repertorio cultural determinado.

dificación importante en la forma en que se entiende el registro arqueológico. Para los seleccionistas, la unidad de selección –es decir la afectada por la selección natural– es el individuo, pero las unidades sobre las que se miden estos procesos son los artefactos. Dentro de esta perspectiva, se entiende que los artefactos están inextricablemente asociados al éxito reproductivo.[5] Al observar la dinámica de cambio y sustitución de artefactos, por tanto, nos aproximamos a la trayectoria biológica de las poblaciones que crearon y utilizaron dichos artefactos. El registro material de este proceso nos mostraría diferentes frecuencias de aparición, sustitución o cambio de artefactos, acompañado por el cambio en otros aspectos de las poblaciones humanas (fig. 2.1). En general, esta corriente se interesa por los cambios a mediano y largo plazo.

Rindos (1984) empleó un modelo seleccionista para discutir el origen de la agricultura. Su modelo no supone un contexto de aparición determinado sino más bien un origen que se relacionaría por procesos estocásticos (azarosos). Durante algún momento del Holoceno temprano habrían comenzado a gestarse ciertas interacciones muy primarias entre seres humanos y vegetales. Estas interacciones casuales se basarían en la selección humana de ciertos tipos de granos de vegetales silvestres para el consumo. Estos vegetales –el maíz en América o el trigo en Oriente Próximo– poseen cierta predisposición para generar una gran cantidad de variación morfológica por mutación de sus genes. La variación resultante permitió a los humanos elegir los granos de acuerdo con algún criterio vinculado a la alimentación, por ejemplo, el tamaño. Sin embargo, esta interacción no tiene por qué haber bus-

---

[5] Término biológico que se entiende como la capacidad de los individuos de llegar a la edad reproductiva y dejar descendientes. Debe diferenciarse del éxito reproductivo diferencial, que implica que algunos individuos tendrán determinadas ventajas sobre otros, y estas se plasmarán en una mayor probabilidad de dejar descendencia.

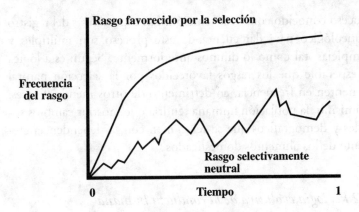

Figura 2.1. Modelo de la trayectoria esperada para rasgos favorecidos y no favorecidos por selección natural. Al ser favorecido por este mecanismo, la frecuencia del rasgo aumentará mostrando una tendencia a un incremento lineal y sostenido (línea superior). Si por el contrario, la selección natural no es el mecanismo interviniente, la trayectoria del rasgo será errática y sinuosa hasta desaparecer (línea inferior).
Modificado de O'Brien y Holland (1990: 53).

cado como fin último la domesticación, es decir generar una total dependencia de la planta respecto del humano para cumplir su ciclo reproductivo, sino más bien que las causas fueron próximas, inmediatas, como el complementar la dieta o las actividades de subsistencia. La selección no intencional llevó, pues, a un cambio gradual en los vegetales favorecidos por la manipulación humana.[6] Esta relación habría llevado a una evolución conjunta de vegetales y humanos, al darse una dependencia mutua cada vez mayor,

---

[6] Este beneficio en los vegetales podría verse como una horticultura incipiente, donde se desmaleza, protege o dispersa en mayor grado la variedad seleccionada, sin que esto implique un cuidado intensivo.

proceso conocido como coevolución. Las expectativas del registro arqueológico para dar cuenta de este proceso son múltiples y complejas, tal como lo dijimos anteriormente. Según esta lógica es esperable que los rasgos favorecidos por la selección natural aumenten en frecuencia, en detrimento de otros menos eficaces. Asimismo, la población humana tendría que mostrar cambios sociales y demográficos que se relacionen con la dependencia creciente de los alimentos domesticados.

6.2 Ecología evolutiva de la conducta humana

Esta corriente tiene sus raíces en la ecología cultural norteamericana de la década de 1950, que buscaba, entre otras cosas, establecer correlaciones entre las poblaciones humanas y sus ambientes ecológicos. Actualmente, esta corriente incorpora aspectos derivados de la teoría darwiniana, poniendo énfasis en los modelos provenientes de la ecología evolutiva, que ayudan a incorporar aspectos sociales, razón por la cual es tan importante para la antropología. Estos modelos permiten generar expectativas contrastables con respecto a la conducta. La corriente ecológico-evolutiva se centra en procesos que ocurren en tiempos cortos, en el tiempo etnográfico, es decir a través de lo que denominan toma de decisión adaptativa. Los modelos son construidos y contrastados no sólo a partir del registro arqueológico sino también mediante investigaciones etnográficas y antropológicas actuales, en las que posee un gran desarrollo. Los modelos pueden ser formalizados para discutir procesos en escalas más largas, como las utilizadas comúnmente por los seleccionistas.

Bruce Winterhalder y Eric A. Smith (1981), entre otros autores, formalizaron los aspectos más relevantes de esta corriente. Aquí destacaremos dos: a) la toma de decisión racional y b) la flexibilidad adaptativa. La primera supone que los individuos son capaces de percibir los costos y beneficios relativos de diversas conductas y buscar la solución que crean más eficaz. Por su parte, la flexibilidad adaptativa está unida a la toma de decisión racional y supone que en la especie humana ha evolucionado la capacidad de responder adaptativamente, es decir de la manera más beneficiosa en términos de energía para el organismo. Estos dos factores sustentan la construcción y utilización de modelos basados en la teoría darwiniana de la evolución, la ecología y la microeconomía. Si los individuos tienden a comportarse de manera adaptativa y a buscar el máximo beneficio de un conjunto de conductas, podría predecirse su comportamiento a partir de una serie de modelos que se han denominado modelos de optimización. Estos modelos se emplean en ecología evolutiva y, además de los citados aquí, podemos mencionar Z-Score, de riesgo, de decisiones múltiples, valor marginal, etcétera. Sólo nos centraremos en dos de los más utilizados en la actualidad.

Los modelos de optimización se basan en el supuesto de que la selección natural ha actuado en el pasado evolutivo humano modelando la capacidad para responder adaptativamente. Los modelos se construyen a partir de una serie de variables que sean relevantes al problema de optimización que quiere explicarse, midiéndose tiempo y energía. La solución a un problema adaptativo concreto –por ejemplo, el tiempo que un cazador utiliza para encontrar una determinada clase de presa– puede basarse en diversos tipos de elección racional, como gastar el menor tiempo posible en un determinado ambiente, buscar hasta un cierto número de presas según su peso relativo, ya que después deben transportarse nuevamente al campamento. O cuáles y qué tipo de presas seleccionar según la energía relativa que aporta cada una de ellas, incluyendo, por ejemplo, el costo de búsqueda y de procesamiento. Algunos de los modelos más empleados son: a) el de parche *(patch model)* y b) el de amplitud de dieta. El modelo de permanencia en el parche[7]

---

[7] Parche *(patch)*: es una porción del espacio con una composición y distribución de recursos particular, dentro de un espacio mayor, que conforma un mosaico de recursos distribuidos heterogéneamente.

predice cuánto tiempo un individuo estará predando en un parche. Se basa en los principios del teorema de valor marginal de Charnov (1976) según el cual se da por sentado que los recursos son finitos y el costo, en términos de su adquisición, es variable. En el modelo de permanencia en el parche, un individuo llega a un nuevo espacio, donde existe una cantidad limitada de recursos, que se agotan en función de su explotación. A medida que los recursos se vuelven más escasos, el individuo invierte más tiempo en su búsqueda, lo que reduce la ganancia en términos de energía invertida. Así el modelo predice que, llegado el momento en que la cantidad de energía obtenida sea similar al promedio de la que puede obtenerse cambiando de parche, el individuo lo abandonará y se movilizará a otro con más recursos[8] (fig. 2.2).

Si bien la representación es muy sencilla, es posible comenzar a incorporarle nuevas variables, por ejemplo, distancia que debió recorrer para llegar al parche, costo de procesamiento del recurso, tipo de tecnología empleada.

El modelo de amplitud de la dieta predice cuáles serán los recursos más explotados. A diferencia del modelo de permanencia en el parche, este considera las diferentes presas y recursos disponibles y cómo están distribuidos en el espacio. Por ejemplo, un cazador que se ajuste a un modelo óptimo seleccionará sus recursos de acuerdo con la relación costo-beneficio. Este modelo considera dos variables: a) tiempo de búsqueda[9] y b) tiempo de manejo y captura.[10] El modelo de amplitud de la dieta predice que un indi-

---

[8] Por lo tanto, si el individuo permaneciera en este parche, comenzaría a perder energía, ya que insumiría más de la que podría llegar a consumir.

[9] Se considera tiempo de búsqueda a cuánto tarda un individuo en encontrar un determinado tipo de presa, ya que no todas presentarán la misma abundancia y distribución.

[10] Este toma en cuenta cuánto tiempo debe invertirse en lograr la captura y el posterior procesamiento y consumo de la presa. No olvidemos que existen recursos cuyo procesamiento demanda mucha inversión de tiempo y energía,

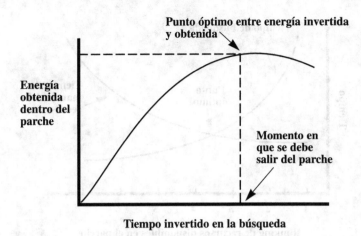

Figura 2.2. Esquematización del modelo de permanencia en el parche. Se observa que la cantidad de energía obtenida es una función del tiempo que se invierte en el parche (siempre el eje X muestra la función independiente y el Y la dependiente); el punto que une ambos ejes (señalado aquí por líneas punteadas) es el punto óptimo; más allá de este momento la energía comienza a disminuir.

viduo –y/o el grupo– tenderá a buscar los recursos de mayor rendimiento en relación con la energía invertida e ignorará, por consiguiente, los recursos de menor rinde, o más difíciles o con mayor costo de procesamiento. Pero tal como predice el modelo de permanencia en el parche, los recursos tenderán a agotarse y por lo tanto su costo se elevará. A medida que esto ocurra, el individuo comenzará a incluir otros recursos que antes dejaba de lado y de esta manera ampliará su dieta. El modelo prevé que se tenderá a

como las gramíneas, que deben recolectarse en grandes cantidades y por lo general son consumidas en forma de harinas. Esto demanda un importante consumo de energía en todas las etapas del procesamiento previo al consumo final.

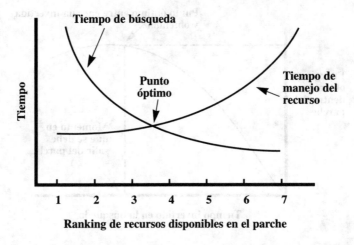

Figura 2.3. El modelo de amplitud de la dieta predice que el tiempo de búsqueda aumenta a medida que los recursos de más alto ranking se vuelven más escasos. El cazador baja los costos de la predación al incorporar recursos de menor rinde que antes podía ignorar. El punto óptimo está indicado por el entrecruzamiento de ambos ejes e indica una combinación de dieta óptima que iguala el tiempo de búsqueda con el de manejo.

ampliar la dieta incorporando nuevos recursos hasta que el tiempo de búsqueda[11] se iguale con el tiempo de apropiación, procesamiento y consumo de los nuevos alimentos de menor rendimiento (fig. 2.3). Recientemente, Mary Stiner (2001) utilizó este modelo para discutir la postura de Binford y Flannery en relación con el surgimiento de un mayor aprovechamiento de recursos en el Neolítico. Los resultados de Stiner indican que ya desde Paleolítico Superior y en diferentes lugares de la cuenca del Mediterráneo, la

---

[11] El tiempo de búsqueda se reduce al incorporar más recursos, en lugar de buscar los que cada vez se vuelven más escasos.

explotación de moluscos, aves y mamíferos pequeños mostraba una ampliación en la dieta. Por lo tanto ello no sería una característica peculiar del Neolítico.

Es importante aclarar que los modelos no suponen que el comportamiento humano será siempre óptimo, sino que más bien proponen estados ideales formulados de manera tal que pueden ser contrastados empíricamente. En nuestro caso, con el registro arqueológico o con observación etnográfica. Es decir, los modelos no intentan ajustar el comportamiento humano a un óptimo sino que, por el contrario, apuntan a señalar las desviaciones de esta conducta respecto de los factores culturales o naturales que influyen sobre ella. De tal manera, al observar las desviaciones, el modelo puede reformularse para intentar dar cuenta de los fenómenos observados en el registro arqueológico. Estos modelos han incorporado, además, elementos provenientes de otras líneas teóricas dentro de la arqueología evolutiva, como la teoría de juegos y la teoría de la herencia dual, para sopesar la incidencia de otros factores, como la cooperación, la aparición y desarrollo de jerarquías y de comportamientos posiblemente no adaptativos.

6.3 La Teoría de la Herencia Dual

Esta teoría (Cavalli-Sforza y Feldman, 1981; Boyd y Richerson, 1985) intenta explicar la relación entre herencia cultural y genética. Los temas centrales de la teoría descansan en que:

a) El *pool genético* y el *pool cultural* conforman dos sistemas de herencia paralelos pero interconectados. Si bien ambos poseen sus propias particularidades –por ejemplo, diferentes tasas de cambio, modos de transmisión distintos– hay puntos de interconexión entre ambos sistemas.

b) Como resultante de esta interconexión aparecen la mutua influencia y la transformación, lo que significa que la cultura –i.e pautas, modo de transmisión de la información– puede influir sobre la composición genética de los individuos y viceversa. Restricciones orgánicas, resultantes de la interacción de los genes y el ambiente, pueden influir sobre pautas culturales (i.e la resistencia a determinadas enfermedades).

c) Esta interacción no siempre es positiva en términos adaptativos (i.e mucha variación cultural no es necesariamente adaptativa y en muchos casos es maladaptativa). Esto significa que afecta negativamente la capacidad de reproducirse de los individuos.

La coevolución es el mecanismo donde tanto la selección cultural –por ejemplo, transmisión cultural, patrones conductuales– como la selección natural actúan activamente en el curso de la evolución humana (fig. 2.4). Por lo tanto, en la Teoría de la Herencia Dual la cultura tiene un lugar predominante, especialmente a través de los mecanismos de transmisión de información entre generaciones. Diversos modelos han sido formulados para dar cuenta de este fenómeno. En ellos se analiza cómo diversos mecanismos de aprendizaje afectan la trayectoria de los rasgos culturales en una población y asimismo generan conductas tanto adaptativas como maladaptativas. Por ejemplo, Guglielmino et al. (1995) toman en cuenta los diferentes tipos de transmisión cultural[12] y demuestran, a partir de trabajos etnográficos en África, que el modo de aprendizaje afecta el modo en que los rasgos cambian. Esto se debe a que algunas conductas son más conservativas que otras, dependiendo esto de cómo son aprendidas.

Para Boyd y Richerson (1985) existen diferentes mecanismos que explican la forma y variación de los rasgos conductuales en una

---

[12] Los diferentes mecanismos son: a) Vertical = transmisión de una conducta de padres a hijos, b) Horizontal = transmisión entre individuos del mismo rango de edad o próximo, c) Oblicua = transmisión entre individuos de diferentes generaciones.

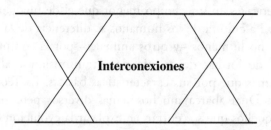

Figura 2.4. Se observan las dos vías paralelas de herencia: genética y cultural; las diagonales señalan interacciones entre ambos sistemas. En tiempo evolutivo el resultado de esta interacción es lo que se denomina coevolución. Modificado de Durham (1991: figura 4.3).

población. Muchas conductas se incorporan a través de mecanismos –llamados mecanismos sesgados– que limitan la cantidad de error tolerado. O por el contrario, algunas conductas toleran determinado nivel de ensayo y error durante el aprendizaje, por lo que mayor variación será esperable. Las aplicaciones arqueológicas de esta teoría son recientes. Por ejemplo, estudios como el de Bettinger y Eerkens (1999) indican que las puntas de proyectil líticas del Paleoindio norteamericano variaban de acuerdo con la complejidad del diseño, ya que probablemente niveles de error diferentes eran tolerados para uno u otro tipo de puntas. De este modo, los tipos más simples de puntas de proyectil tendían a mostrar rangos de variación más grandes que las más complejas.

Estos mecanismos dan un importante lugar a la selección natural y a la adaptación, ya que, según los modelos de evolución cultural, esta se habría desarrollado esencialmente como un rasgo que promueve la adaptación. El punto central aquí es que la transmisión cultural puede producir variación mucho más rápidamente y distinta que la genética. Así es posible encontrar respuestas eficaces en un tiempo menor que el de una generación humana. La cultura de los humanos se diferencia de la de otros primates no humanos –y otros animales– por la complejidad y cantidad de formas de codificación, transmisión y almacenamiento, más que por sus características básicas. La Teoría de la Herencia Dual abarca muchos temas diversos pero principalmente aquellos que se centran en explicar la evolución de fenómenos culturales como la cooperación entre individuos, la tasa de cambio cultural a través de la innovación, la formación de sistemas desiguales o jerárquicos y la aparición y mantenimiento de conductas maladaptativas.

6.4 Similitudes y compatibilidades en las corrientes neo-darwinianas

Cada una de estas corrientes posee focos de interés distintos, así como diferentes escalas de análisis y problemas. El seleccionismo se plantea comúnmente problemas que se definen en escala evolutiva amplia y cuya resolución requiere muchas generaciones humanas; su foco primordial de análisis en el registro arqueológico es el artefacto. Intenta dar cuenta principalmente de procesos en los que la selección natural ha intervenido para influir sobre la persistencia de los rasgos culturales y biológicos en el tiempo. Su metodología se basa tanto en métodos estadísticos comunes en antropología como en los utilizados en paleobiología, como la cladística y otros métodos de inferencia filogenética. La ecología evolutiva da cuenta de procesos cuyo fin primordial es adaptativo, a través de una serie de modelos formalizados matemáticamente y mediante un conjunto de variables reducidas. Son fáciles de aplicar y se han nutrido de información etnográfica y arqueológica. Su foco de análisis son tanto las estrategias de subsistencia como las estrategias reproductivas o de cooperación y formación de grupos sociales. Finalmente, la teoría de la herencia dual se ocupa de procesos relacionados con la interacción entre la evolución cultural y la genética. Su principal foco de análisis son los mecanismos y modos de aprendizaje, la aparición y el mantenimiento de mecanismos cooperativos a gran escala y las conductas maladaptativas. Se basa en métodos estadísticos sencillos y en el uso de modelos formalizados matemáticamente. Al concentrarse en procesos tanto culturales como genéticos abarca procesos tanto de escala similar al seleccionismo como a la ecología evolutiva.

Por último hay que remarcar que, a pesar de sus diferencias, estas corrientes internas poseen un mismo marco teórico, la Teoría de la Evolución de Darwin, tanto en antropología como arqueología. Este hecho permite que compartan un campo analítico de referencia común y por lo tanto puedan complementarse en la práctica. La escala analítica en que definen sus modelos –la evolutiva– es semejante y acorde con el modo como se presenta el registro arqueológico, mayormente promediado espacial y temporalmente, mostrando procesos que ocurrieron en escalas amplias, transgeneracionales. Asimismo, permiten tener acceso a preguntas que se relacionan con la evolución cultural, que es uno de los objetivos centrales de la antropología y de la arqueología. Este hecho ha sido en parte la causante de la creciente difusión y aplicación de estos modelos en ambas disciplinas.

7. La arqueología en el siglo XXI

Si bien es por demás ingenuo pensar que el cambio de milenio conlleva un cambio paradigmático en nuestra ciencia, la descripción de las corrientes posprocesuales muestra una importante multiplicidad de acercamientos teóricos al registro arqueológico.

La arqueología está cambiando. El nivel de discusión se transformó, las técnicas disponibles para discutir problemas ahora son otras. Las formas de acercarnos a los temas se han modificado. Hoy podemos hacer una identificación genética de sexo en restos humanos, recuperar e identificar ADN y/o proteínas que incluso pudieron quedar atrapadas en las fisuras de instrumentos, determinar ambientes precisos sobre la base de estudios de isótopos estables en restos humanos o establecer migraciones puntuales, reconstruir paisajes a través de Sistemas de Información Geográfica (GIS), comparar estructuras de fibras de colágeno en huesos a través de AFM *(atomic force microscopy)* y establecer correlaciones entre poblaciones, usar análisis cladísticos para reconstruir filogenias artefactuales, determinar pestes a través de estudios arqueoentomológicos, examinar tatuajes en momias o establecer la procedencia de cerámicas aplicando rayos infrarrojos, difracción de rayos y/o espectrografías, utilizar radares –*Ground Penetrating Radar*– para ubicar cuevas, paleosuelos y paleolagos, sólo por citar algunos estudios publicados recientemente.

Parte de este cambio se debe a que el registro arqueológico nos brinda mucha más información hoy en día. No porque el registro arqueológico sea diferente, sino sencillamente porque el desarrollo tecnológico nos permite «extraer» de él muchos más datos, información más novedosa y distinta. Nuevamente, los estándares se han modificado. Lejos estamos de la primera mitad del siglo XX, cuando la información se obtenía tras una meticulosa acumulación, descripción y comparación de las excavaciones y de los artefactos. Aunque no lo estamos tanto del cambio que significó poder fechar los sitios mediante diferentes métodos, tener un diseño de investigación que orientara nuestras preguntas, de reconocer la idea de proceso en el cambio humano a través del tiempo y del espacio y de entender los múltiples factores que intervienen en la formación del registro arqueológico. Y no tan lejos estamos de haber reconocido que no toda conducta humana está únicamente relacionada con una modificación en el ambiente natural, que las diferentes esferas de un grupo social también pueden dejar evidencias en el registro y que podemos tratar de analizarlas arqueológicamente. Todo esto ya forma parte del protocolo científico de la arqueología de este nuevo siglo.

Los cambios tecnológicos y los teórico-metodológicos experimentados por la arqueología en los últimos años están dejando su impronta. Se ha generado una nueva interrelación, una nueva interfaz con otras ciencias –por ejemplo, biología, geología, física, química, computación, genética, evolución, ecología– y se ha modificado la existente con las clásicas, por ejemplo, historia, etnografía, antropología. Nadie puede negar que la arqueología que se estudia hoy es diferente de aquella que estudiaron algunos de los profesores que el lector tiene, ha tenido o tendrá. La naturaleza del dato arqueológico ha cambiado. Ya no es tan sólo el artefacto, el sitio, o la región; la interfaz con otras ciencias ha ampliado la variedad de datos que un arqueólogo científico puede explorar.

Como han dicho recientemente algunos colegas:

> Afrontar, incorporar y avanzar sobre estos cambios son los desafíos de la arqueología del próximo milenio. Y el mayor desafío parece ser mantener el rigor científico que como ciencia, la arqueología debe tener [...]. En este estamos involucrados todos y cada uno de los arqueólogos profesionales sin distinción de nacionalidad y/o corriente teórica. Como la ciencia joven que somos, hemos pasado por un proceso de búsqueda de identidad y experimentación de enfoques, que se ha ido consolidando en la diversidad teórico-metodológica que hoy podemos reconocer. Es este el momento en el que debemos comenzar a evaluar las ventajas de cada una de estas perspectivas, poniéndolas a trabajar en pos de una meta común; el fortalecimiento de la Ciencia Arqueológica (Lanata, Neff y Aldenderfer, 2001: ix, nuestra traducción).

Quizás hoy, y tras haber revisado someramente nuestro pasado reciente como ciencia, podríamos contestarle al «hombre del autobús» mencionado en la introducción de este libro: «Caminante no hay camino, se hace camino al andar».

Bibliografía

Bettinger, R. L. 1980. Explanatory/predictive models of hunter-gatherer adaptation, *Advances in Archaeological Method and Theory*, núm. 3, pp. 189-255.

Bettinger, R. L. y Eerkens, J. 1999. Point typologies, cultural transmission and the spread of bow-and-arrow technology in the Prehistoric Great Basin, *American Antiquity*, núm. 64, pp. 231-242.

Boyd, R. y Richerson, P. J. 1985. *Culture and the Evolutionary Process*. Chicago, University of Chicago Press.

Cavalli-Sforza, L. L. y Feldman, M. 1981. *Cultural Transmission and Evolution. A Quantitative Approach*. Princeton, Princeton University Press.

Charnov, E. L. 1976. Optimal foraging: the marginal value theorem, *Theoretical Population Biology*, núm. 9, pp. 129-136.

Dahlberg, F. 1983. *Woman, the Gatherer*. Connecticut, Yale University Press.

Dobres, M. A. 1995. Gender and prehistoric technology: on the social agency of technical strategies, *World Archaeology*, vol. 27, núm. 1, pp. 25-49.

Dobres, M. A. y Robb, J. 2000. *Agency in Archaeology*. Londres, Routledge.

Donald, M. 1991. *Origins of the Modern Mind*. Cambridge, Massachusets, Harvard University Press.

Dowson, T. 2000. *Why Queer Archaeology?* Londres, Taylor and Francis.

Dunnell, R. C. 1980. Evolutionary theory and archaeology, *Advances in Archaeological Method and Theory*, núm. 3, pp. 35-99.

Durham, W. H. 1991. *Coevolution. Genes, Culture, and Human Diversity*. Stanford, Stanford University Press.

Flannery, K. y Marcus, J. 1996. Cognitive archaeology, en R. Preucel e I. Hodder (comps.), *Contemporary Archaeology in Theory. A Reader*. Oxford, Blackwell Publishers.

Gero, J. M. 1994. Excavation bias and the woman at home ideology, en M. Nelson, S. Nelson y A. Wylie (comps.), *Equity Issues for Woman in Archaeology*. Washington, Archaeological Papers of the American Anthropology, N°5, pp. 35-42.

Gero, J. M. y Conkey, M. W. 1991. *Engendering Archaeology. Women and Prehistory*. Oxford, Basil Blackwell.

Guglielmino, C., Viganotti, C., Heweltt, B. y Cavalli-Sforza, L. L. 1995. Cultural variation in Africa. Role of mechanism and adaptation, *Proceedings of the National Academy of Science*, núm. 92, pp. 7585-7589.

Hastorf, C. 1996. Gender, space and food in prehistory, en R.W. Preucel e I. Hodder (comps.), *Contemporary Archaeology in Theory. A Reader*. Oxford, Blackwell Publishers, pp. 460-484.

Hodder, I. 1982. *Symbols in Action*. Cambridge, Cambridge University Press.

— 2000. Agency and individuals in long term process, en Dobres, M. A. y Robb, J. (comps.), *Agency in Archaeology*. Londres, Routledge, pp 21-33.

Kamp, K. 2001. Where have all the children gone? The Archaeology of Childhood, *Journal of Archaeological Method and Theory*, núm. 8, pp. 1-34.

Lanata, J. L., Neff, H. y Aldenderfer, M. 2001. Series Foreword, en Hunt, T., Terry, L., Lipo, C. P. y Sterling, S. L. (comps.), *Posing Questions for a Scientific Archaeology*. Westport, Bergin y Garvey, pp. ix-x.

Lee, R. y DeVore, L. 1968. *Man the Hunter*. Chicago, University of Chicago Press.

McGuire, R. 1992. *A Marxist Archaeology*. San Diego, Academic Press.

Mithen, S. 1996. *The Prehistory of the Mind. A Search for the Origins of Art, Science and Religion*. Londres y Nueva York, Thames and Hudson.

O'Brien, M. y Holland, T. 1990. Variation, selection and the archaeological record, *Archaeological Method and Theory*, núm. 2, pp. 31-79.

Politis, G. 1999. La actividad infantil en la producción del registro arqueológico de cazadores-recolectores, *Revista do Museu de Arqueologia e Etnologia*, San Pablo, Suplemento 3, pp. 263-283.

Reid, J., Rathje, W. y Schiffer, M. 1974. Expanding archaeology, *American Antiquity*, núm. 39, pp. 125-136.

Renfrew, C. 1985. *The Archaeology of Cult, the Sanctuary at Phylakopi*. Londres, Thames and Hudson.

Renfrew, C. y Zubrow, E. (comps.). 1993. *The Ancient Mind*. Cambridge, Cambridge University Press.

Renfrew, C. y Bahn, P. 2000. *Archaeology. Theories, Methods and Practice*. Londres, Thames and Hudson. [*Arqueología: teorías, métodos y práctica*. Barcelona, Akal, 1993.]

Rindos, D. 1980. Symbiosis, instability and the origins and spread of agriculture: a new model, *Current Anthropology*, núm. 21, pp. 751-772.

— 1984. *The Origins of Agriculture. An Evolutionary Perspective*. Nueva York, Academic Press.

Sassaman, K. 2000. Agents of change in hunter-gatherer technology, en M. A. Dobres y Robb, J. (comps.), *Agency in Archaeology*. Londres, Routledge, pp. 148-168.

Schiffer, M. B. 1987. *Formation Processes of the Archaeological Record*. Albuquerque, University of New Mexico Press.

Shanks, M. y Tilley, C. 1987. *Re-Constructing Archaeology*. Cambridge, Cambridge University Press.

Spector, J. 2000. *What This Awl Means. Feminist Archaeology at a Wahpeton Dakota Village*. Minnessota, Minnesota Historical Society Press.

Spencer-Wood, S. 1992. A feminist program for nonsexist archaeology, en Wandsnider, L. (comp.), *Quandaries and Quests. Visions of Archaeology's Future*. Carbondale, University of Illinois at Carbondale, pp. 84-114.

Stiner, M. 2001. Thirty years on the «Broad Spectrum Revolution» and paleolithic demography, *Proceedings of the National Academy of Science,* núm. 98, pp. 6993-6996.

Thomas, D. H. 1999. *Archaeology*. Nueva York, Holt, Rinehart and Winston.

Trigger, B. 1993. Marxism in contemporary western archaeology, *Archaeological Method and Theory,* núm. 5, pp. 159-200.

Walker, W. y Lucero, L. 2000. The depositional history of ritual and power, en Dobres, M. A. y Robb, J. (comps.), *Agency in Archaeology*. Londres, Routledge, pp. 130-147.

Winterhalder, B. y Smith, E. A. (comps.). 1981. *Hunter-Gatherer Foraging Strategies. Ethnographic and Archaeological Analyses*. Chicago, University of Chicago Press.

Yates, T. 1994. Framework for an archaeology of the body, en Tilley, C. (comp.), *Interpretative Archaeology*. Londres, Berg Pb. Co., pp. 31-72.

II
ESTUDIAR EL PRESENTE PARA COMPRENDER EL REGISTRO ARQUEOLÓGICO

3
La naturaleza del dato arqueológico

José Luis Lanata y Ana M. Aguerre

Fue la arqueología procesual la primera en reconocer que el registro arqueológico no es isomórfico con el comportamiento humano que le dio origen. A partir de los trabajos de Binford (1978) y Schiffer (1976) y del consiguiente desarrollo de las nuevas líneas de investigación, comienza una nueva interrelación entre lo teórico y lo empírico. Esto permitió conectar, de manera significativa, el registro arqueológico con las diferentes hipótesis y con los modelos planteados por distintos autores para cada uno de los casos estudiados. Es por ello que actualmente los arqueólogos, tanto procesuales como un gran número dentro de varias de las corrientes posprocesuales, dedican una especial atención a la generación de información mediante el empleo de la Teoría de Rango Medio.

El punto de partida de estos estudios es visualizar la evidencia arqueológica como una asociación de objetos que se encuentra en el presente –*estática*–, pero que fue generada en el pasado –*dinámica*– de una manera desconocida para el investigador. Nuestro interés radica no sólo en recuperar estos objetos materiales sino también en observar las características del sedimento que los rodea, contiene y/o sostiene –*matriz*–, la localización espacial donde se encuentran los materiales –*procedencia*– y las relaciones que tienen entre sí los diversos objetos –*asociación*– en concordancia con las escalas témporo-espaciales de la investigación. Así, el registro arqueológico no es un reflejo directo de las diferentes conductas humanas que le dieron origen en un espacio-tiempo dado. Al ser un ente contemporáneo –existe entre nosotros, hoy y ahora, es decir es *tiempo transgresivo*–, uno de los primeros pasos en una investigación es conocer el grado de integridad que posee. Debemos averiguar cuáles han sido los distintos procesos y agentes que intervinieron en la formación de cada registro arqueológico. Una variedad desconocida de procesos y agentes, tanto humanos como naturales, han actuado a lo largo de toda su historia de vida, iniciándose en el momento mismo en que un instrumento es confeccionado, pasando por su depositación en un estrato o superficie hasta su recuperación. Estos procesos lo estructuran de diferentes formas. Una de las estrategias de que disponemos para conocer estos procesos está compuesta por un cuerpo metodológico: son los estudios actualísticos (véase cap. 4).

1. Registro y dato arqueológico

Existe un consenso general acerca de que los restos materiales producto de los diferentes comportamientos humanos conforman el registro arqueológico. La naturaleza de estas evidencias materiales es tan diversa como las mismas conductas humanas. Abarcan desde una pequeña lasca en la Garganta de Olduvai con una antigüedad de 2 o 3 millones de años, pasando por urnas funerarias, instrumentos líticos, megalitos, ornamentos y expresiones artísticas, poblados y ciudades, hasta la cápsula espacial Apolo XIII, un reproductor de discos compactos o los restos del Muro de Berlín. El registro arqueológico en sí mismo no es un dato (Yacobaccio, 1991). Estos vestigios materiales de los comportamientos humanos devienen dato arqueológico cuando los reconocemos, recolectamos, examinamos, inspeccionamos, describimos y registramos, adscribiéndoles una relevancia determinada dentro de una investigación científica.

Tradicionalmente se reconocen tres formas básicas de registro arqueológico: los *artefactos*, los *rasgos* o *estructuras* y los *ecofactos*. Estos tipos fueron definidos en la década de 1970 (Sharer y

Ashmore, 2002). Los artefactos son entidades discretas que se caracterizan por poseer atributos de la actividad humana. En general, son objetos de diversas características, por ejemplo, una punta de proyectil, un fragmento de una vasija de cerámica o vidrio, un clavo metálico, un tejido de fibras vegetales o animales, o un neumático. Estos ejemplos nos muestran que son: a) elementos naturales que han sido total o parcialmente modificados o b) fabricados y/o confeccionados completamente mediante actividades humanas. Una de las peculiaridades de los artefactos es que sus características formales no se modifican cuando son extraídos del medio o sedimento en el cual se los ha descubierto y son transportados a los centros de investigación. Por su parte, los *rasgos* o *estructuras* son en esencia artefactos no transportables, ya que su remoción del lugar en el que se encuentran produciría la destrucción, alteración o modificación de su forma original. Así caminos, fogones, paredes, casas, agujeros de poste, tumbas, o restos de naufragios no pueden ser trasladados tras su descubrimiento sin que se destruya o modifique su forma original, aun cuando podamos reconstruirlos posteriormente. Finalmente, los *ecofactos* son aquellos restos materiales de origen natural que no han sido confeccionados por los humanos pero que suministran información ambiental, ecológica, geológica y climática. Los restos de animales y vegetales, en sus diferentes tipos y formas, constituyen los ecofactos, así como pigmentos, minerales, piedras especiales, etcétera. Además de brindar referencias de las diferentes especies presentes y pautas de su explotación, ayudan a conocer la diversidad de hábitat explotado, inferir ecosistemas, derivar distancias de aprovisionamiento de determinados recursos, comprobar la existencia de pulsos climáticos, particularidades propias de las múltiples y variadas actividades de las poblaciones humanas. Hay casos en los que algunos vestigios materiales son difíciles de encuadrar dentro de una u otra categoría, por ejemplo las pinturas rupestres. Sin duda, deben ser equiparables a los artefactos y estructuras, pues su importancia radica no sólo en que son una expresión artística sino también en sus diferentes pasos de producción, estilos y explotación de recursos naturales. En definitiva, estas formas básicas del registro arqueológico conforman el eje principal sobre el cual un investigador obtiene los datos necesarios para una determinada investigación. Si bien el registro arqueológico en sus diferentes formas es único, distintos estudiosos pueden extraer datos diferentes de ellos. Esto depende del marco teórico de la investigación y de la posibilidad de obtener los datos que se buscan en el registro disponible.

En la actualidad, y gracias a la interrelación con otras ciencias, se ha incorporado a las investigaciones arqueológicas una nueva serie de datos. Mientras artefactos, rasgos y ecofactos son evidencias y/o residuos detectables en una excavación, existe un número importante de vestigios que brindan un universo diferente de información. Más allá de aquellos que forman parte del protocolo estándar en las investigaciones –e.g. polen, microdesgastes y huellas– la posibilidad de extraer ADN, reconocer e identificar la presencia de sustancias orgánicas en instrumentos, distinguir la estructura molecular e isotópica de los elementos que componen un artefacto, detectar materiales enterrados mediante ondas radioeléctricas, explorar las propiedades de los ambientes mediante satélites, etc., nos permite contestar nuevas preguntas. Por lo tanto, ahora podemos explorar nuevas dimensiones tanto del registro como del dato arqueológico, que van más allá de simplemente contar con uno o más sitios arqueológicos.

Artefactos, rasgos, estructuras y vestigios pueden presentarse aislados o asociados de diferentes maneras. Son estas asociaciones las que denominamos sitios arqueológicos. En general se tiende a caracterizar a los sitios arqueológicos por algunas de sus principales características formales, e.g. de superficie o estratificado, a cielo abierto, cuevas o alero, conchero, poblado, de altura. Los sitios varían en tamaño –desde unos pocos metros cuadrados hasta hectáreas–, cantidad y diversidad de materiales presentes, cantidad de capas y potencia de sus sedimentos –desde pocos centímetros hasta varios metros– y en su ubicación actual en un ambiente. Los sitios son entidades únicas y particulares. Son el producto de una simple y breve estadía de horas por un pequeño grupo o de una ocupación constante de decenas o cientos de años de una población. Pueden haber tenido múltiples funciones o una única a lo largo del tiempo. Si bien hasta la década de 1970 se consideraba al sitio como su unidad de investigación, poco a poco, la región en la que se encuentra pasó a tener una relevancia mayor. Uno de los motores de ello fue la concepción de sistema imperante en la arqueología procesual, que reconoció que las actividades humanas se desarrollan en un espacio y generando múltiples lugares de actividades diferentes. Esto llevó a nuevos acercamientos en los que el espacio se toma como la entidad que integra tanto los hallazgos de materiales aislados como los diferentes sitios presentes en una región.

2. El concepto de contexto en arqueología

En ciencia, la idea general de contexto hace referencia a las relaciones entre uno o más objetos y el medio en el cual se encuentra(n), lo que le(s) brinda un significado específico. Para entender a un artefacto o un rasgo como el portador de algún tipo de dato es necesario contar con un modelo de las posibles relaciones que ha tenido a lo largo de su historia de vida, ya que solo, aislado, nada dice, más allá de sus propiedades formales. Si bien la idea de contexto se ha empleado en arqueología desde sus primeros momentos, constituye sin duda una más de las principales contribuciones de la arqueología procesual. Los enfoques tradicionales daban por sentado que un conjunto de huesos, rocas y/o trozos de cerámica, limitados en una estrecha capa de una cueva o de una habitación, eran un «piso de ocupación». Este presupuesto fue cuestionado e investigado exhaustivamente. Muchos arqueólogos empezaron a considerar a los depósitos y/o superficies que contenían determinados materiales como el resultado contemporáneo de un número no determinado ya sea de conductas humanas como de la acción de diferentes agentes naturales. Por lo tanto, se hacía necesario conocer la dinámica de los diferentes procesos que actuaron en la formación de cada registro arqueológico que investigamos a fin de determinar su integridad y así saber sobre qué aspectos de las conductas humanas podemos hablar con mayor certeza.

2.1 Contexto arqueológico y contexto sistémico

A partir de la influencia que tuvo la Teoría General de los Sistemas durante los primeros años del procesualismo, los arqueólogos encontraron en ella una herramienta útil para tomar en cuenta las diferentes conductas humanas que podían dar lugar al registro arqueológico. Al fabricarse un artefacto –e.g. una vasija de cerámica–, el artesano realiza una serie de operaciones sistémicas. Es decir, hay diferentes variables que toma en cuenta y cada paso posee un orden dentro de la actividad general. Se presupone que este tipo de comportamiento humano no es azaroso, una vez que se ha aprendido a realizarlo. Por lo tanto, deben examinarse las diferentes variables que entran en la fabricación de un artefacto, sus estados e interacciones, considerando que cada una de ellas forma parte de un sistema. De acuerdo con estas premisas, Schiffer (1972 y 1976) propone la distinción entre *contexto sistémico* y *contexto arqueológico*, como dos momentos diferentes dentro de la historia de vida del registro arqueológico. En esta concepción, la actividad humana está encauzada como un sistema o conjunto de subsistemas específicos. Al fabricar un artefacto de piedra, por ejemplo un raspador, el artesano realiza diferentes pasos:

a) se aprovisiona de la materia prima,
b) la procesa hasta darle la forma relacionada con el uso final que quiere darle,
c) lo mantiene a fin de que conserve su eficacia durante su uso,

d) lo recicla si es necesario,
e) puede o no transportarlo a otro lugar, y finalmente
g) lo descarta y/o desecha o simplemente lo pierde o abandona.

En cualquier momento de ese sistema, las señales materiales de dichas conductas –extracción de materias primas en una cantera, talla, retoque, etc.– pueden dejar evidencias materiales en uno o varios contextos arqueológicos. Identificar cuáles de esos pasos son discernibles en una muestra arqueológica nos permitiría, en términos de Schiffer, conocer potencialmente qué clase de actividades tuvieron lugar allí. Cada uno de los pasos constituye, en cierto modo, una variable en un sistema, ya que existe una relación dada entre las partes para que el sistema funcione adecuadamente. Casi todas estas actividades generan residuos, trazas, rastros y/o huellas. Así el contexto sistémico está conformado por el sistema de conductas bajo el cual los humanos producen artefactos, rasgos, ecofactos y por los distintos tipos de relaciones con sus congéneres.

Por su parte, el contexto arqueológico está formado por la evidencia material del sistema de conductas que le dieron lugar en algún momento. El contexto arqueológico es lo que los arqueólogos han recuperado a través de excavaciones y/o recolecciones de superficie. En esa dicotomía estática-dinámica del registro arqueológico, el contexto arqueológico representa a la primera parte de ella. Es lo que tenemos, lo que nos ha quedado de los comportamientos humanos. En cambio, el contexto sistémico es lo dinámico, aquello que pretendemos entender, modelar y/o reproducir. La figura 3.1 esquematiza los diferentes contextos.

En esta dicotomía, Schiffer plantea que todo investigador, a través de un determinado contexto arqueológico, debe conocer el contexto sistémico o acercarse lo más posible a él. Es este último el verdadero sistema de conductas que una vez estuvo en vigencia y que generó los restos materiales que estudiamos. La utilidad de estos conceptos de contexto radica principalmente en diferenciar la naturaleza de ambas situaciones. Una concreta, estática y actual –el

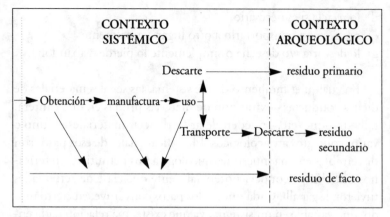

Figura 3.1. Esquema de los contextos sistémico y arqueológico.
Basado en Schiffer (1972; 1976).

contexto arqueológico—, y otra desconocida, inferida, reconstruida, o modelada, formada por aquellas actividades humanas que tuvieron lugar en algún otro momento. Esto lo menciona también Binford: el registro arqueológico es el remanente estático de lo que alguna vez fue un sistema dinámico. En cualquier momento de ese sistema, los residuos materiales de esas conductas pueden haber dejado evidencias materiales en uno o varios contextos arqueológicos. Si identificamos en nuestras investigaciones cuáles de estos pasos pueden reconocerse en una muestra particular, podremos potencialmente determinar qué diversidad y tipos de actividades tuvieron lugar allí.

2.2 Contexto y ecología

Durante la década de 1950 comienza la influencia de los trabajos de Steward y White en la arqueología. Entre los principales aportes se observa la importancia del medio en la adaptación humana y los correlatos ecológicos que ello involucra. La arqueología procesual tomó estos conceptos como una de sus banderas más importantes. Sin embargo, tuvo impactos diferentes entre sus seguidores. Para algunos la influencia del ambiente era algo dado, en tanto que para otros autores formó parte de sus líneas de investigación. Uno de los casos más relevantes donde comienzan las aplicaciones ecológicas se da con Flannery y su equipo. A comienzos de la década de 1970 y en sus estudios de las villas tempranas mesoamericanas, Flannery enfatiza el concepto de ecosistema y de los intercambios existentes entre las poblaciones humanas y su ambiente. Para ello, toma en sus planteos diferentes conceptos ecológicos que fueran enunciados por Odum en 1953 y Bates en 1960, pioneros de la ecología. En su reseña histórica, Willey y Sabloff (1974) señalan que el concepto de ecosistema que aplica la arqueología debe entenderse como las interacciones existentes entre materia y energía, en las poblaciones vivientes. Aquí puede verse la influencia que tienen en los arqueólogos procesuales tanto la Teoría General de los Sistemas como la ecología. Para estos autores, las modernas perspectivas ecológicas son una gran promesa en este sentido. Así y haciendo referencia a los estudios de Flannery, indican que la aplicación de una perspectiva ecológica conforma un paso importante en la necesaria reconstrucción de los sistemas sociales que se han extinguido, aportando además los medios adecuados para su contrastación y verificación. Para Willey y Sabloff considerar a la cultura como un sistema total –en el cual la ecología tenga un peso relevante– puede llevar a la arqueología a tener un mejor conocimiento y mayores posibilidades de explicar diferentes situaciones de estabilidad y cambio cultural.

Karl Butzer se pregunta sobre el significado de contexto en arqueología. Así reconoce que los arqueólogos han considerado como contexto a una trama que conforma un determinado bloque espacio-temporal. Este bloque es susceptible de incluir en él tanto un medio cultural como un medio no cultural. La ventaja de esta aproximación es que puede aplicarse tanto a un solo artefacto como a un conjunto de sitios o yacimientos en una región. Esta posibilidad de variación de escalas analíticas es muy importante y pasa a tener un uso más difundido entre los arqueólogos a partir de la década de 1980. Así Butzer (1980) propone una *arqueología contextual*, en la que fusiona más explícitamente a la arqueología antropológica de la Nueva Arqueología los principios ecológicos propuestos para la antropología por Steward y White durante la década de 1950.

Butzer propone un enfoque que trascienda el énfasis particular y habitual de los arqueólogos por los artefactos y algunos sitios aislados. Intenta con ello tener una apreciación más real y concreta de las estructuras de los paleoambientes. Ello permite esbozar y reconstruir las posibles interacciones espaciales, económicas y sociales que pudieron tener lugar en un determinado sistema de asentamiento y de subsistencia. Para Butzer la clave del enfoque contextual radica en que considera la multidimensionalidad de la interacción entre las decisiones humanas y el medio ambiente. Conocer esta interacción posibilitará a los arqueólogos acercarse a los diferentes fenómenos ecológicos que tienen influencia en las esferas culturales, biológicas y físicas de las poblaciones humanas. En este sentido hay cinco temas centrales que considerar: espacio, escala, complejidad, interacción y estabilidad.

El espacio es relevante, ya que los diferentes fenómenos culturales no están distribuidos homogéneamente en una región determinada. Las poblaciones humanas, cualquiera sea su economía de base, se encuentran influenciadas en mayor o menor grado por la topografía, el clima y las otras comunidades biológicas que están en un espacio dado. Así como también lo están por la presencia de otras poblaciones humanas vecinas. Los diferentes procesos geológicos, climáticos, biológicos y sociales tienen repercusiones en diferentes escalas de tiempo y de espacio. Por lo tanto, los distintos procesos en la historia de la humanidad son relevantes de acuerdo con una escala determinada. Así es que debe existir una adecuada relación entre el tema de investigación y las unidades de espacio y de tiempo que delimite un investigador. Por ejemplo, si nos interesa conocer las formas en que las jerarquías sociales se denotan en las viviendas de un poblado incaico, deberemos aplicar una microescala. Si, en cambio, nos interesa conocer la procedencia de materias primas cerámicas de diferentes regiones, deberemos aplicar una macroescala. Y si nos interesa discutir el proceso de hominización, la megaescala será la más adecuada.

Las relaciones sociales, religiosas, económicas, etc. dentro de una población y entre diferentes poblaciones, así como las de estas con el medio ambiente no son homogéneas y sencillas. La idea de complejidad pone de manifiesto la necesidad de delimitar y caracterizar, en sus diferentes escalas de tiempo y espacio, la multiplicidad de respuestas diferentes que caracterizan las relaciones ecológicas entre humanos y medio. Esto a su vez lleva a que debamos conocer la interacción entre las distribuciones heterogéneas tanto de las poblaciones humanas como de las otras comunidades biológicas. Muchas veces esas interacciones se han basado en análogos modernos (véase el cap. 4) pero sabemos que no necesariamente estos pudieron darse en el pasado. Es por ello que los arqueólogos deben estar abiertos a conocer situaciones de interacción desconocidas en la actualidad, como lo señaló Binford.

En un ecosistema dado sus diferentes integrantes también son afectados por situaciones de retroalimentación negativa, ya sea por procesos internos o por influencias externas. Como consecuencia de ello, ya tengan estas situaciones consecuencias en el corto, mediano o largo plazo, pueden darse modificaciones en las condiciones de su estabilidad. En tal sentido, la estabilidad en un determinado ecosistema en el que interactúa una población humana debe ser demostrada y no tomada como una situación dada. Esto es relevante en las investigaciones arqueológicas, ya que más allá de la escala de análisis, situaciones de equilibrios inestables y dinamismos fluctuantes parecen ser las situaciones ecológicas más comunes.

Principalmente dentro de la arqueología procesual, son los arqueólogos que se dedican a la Teoría de Rango Medio los que se dedicarán a construir los puentes entre la estaticidad del registro arqueológico y el dinamismo de las conductas que le dieron origen. En este sentido, tres disciplinas son las que experimentaron un mayor desarrollo, logrando progresos y perfeccionamientos propios, aportando además información para otras ciencias. En el próximo capítulo conoceremos sus principios y campos de aplicación fundamentales.

Bibliografía

Binford, L. R. 1978. Dimensional analysis of behavior and site structure; learning from an Eskimo hunting stand, *American Antiquity*, núm. 43, pp. 330-361.

Butzer, K. 1980. Context in archaeology, *Journal of Field Archaeology*, núm. 7, pp. 417-422.

Schiffer, M. B. 1972. Archaeological context and systemic context, *American Antiquity*, núm. 37, pp. 156-165.

— 1976. *Behavioral Archaeology*. Nueva York, Academic Press.

Sharer, R. y Ashmore, W. 2002. *Archaeology: Discovering Our Past*. Boston, Mc-Graw-Hill.

Willey, G. y Sabloff, J. 1974. *A History of American Archaeology*. San Francisco, Freeman and Co.

Yacobaccio, H. 1991. Información actual, analogía e interpretación del registro arqueológico, *Shincal*, vol. 3, núm. 1, pp. 185-194.

4
Etnoarqueología, arqueología experimental y tafonomía

María Magdalena Frère, María Isabel González,
Ana Gabriela Guráieb y Andrés Sebastián Muñoz

La arqueología científica aborda el estudio del registro arqueológico a partir de la definición de un problema de investigación, planteando hipótesis y sus expectativas tanto generales como particulares. Es el problema de investigación el que determina qué información debe buscarse, en qué escala analítica, por medio de qué estrategia metodológica. Por otra parte, los arqueólogos nos hemos dado cuenta de que un contexto arqueológico no es el reflejo directo de los comportamientos humanos en un tiempo dado. Por el contrario, es el resultado de una combinación desconocida de actividades humanas y de diferentes acciones de agentes naturales que se encuentran en el medio ambiente, y que es interrumpida en el momento de nuestra investigación. En otras palabras, no hay una relación directa entre la evidencia material y las conductas que la originaron. La forma en que un científico establece las relaciones entre las evidencias y los posibles comportamientos culturales es lo que le permite inferir, comprender y/o reconstruir las conductas humanas que pudieron originarlos. De ahí la importancia de entender la gama potencial de procesos que intervinieron en su formación.

1. Procesos de formación del registro arqueológico y estudios actualísticos

Conocer cómo y de qué manera se formó un contexto arqueológico ayuda a inferir cuáles pudieron ser las condiciones y causas que intervinieron en su conformación, ayudando a determinar cuáles son sus señales en el registro. Se toma como punto de partida el hecho de que sólo en el mundo contemporáneo podemos observar la unión entre la dinámica que le dio lugar y sus resultados actuales. La formación del registro arqueológico comprende dos tipos de procesos: naturales y culturales. Los primeros son aquellos procesos que intervienen con independencia del comportamiento humano (por ejemplo, climáticos, geológicos, biológicos), mientras que los segundos reflejan específicamente las consecuencias de las conductas humanas. El estudio de estos procesos es llevado a cabo conjuntamente por arqueólogos e investigadores de otras disciplinas: geología, biología, antropología o ecología, entre otras. En los últimos años un significativo número de arqueólogos se ha dedicado exclusivamente a ellos, mostrando la interacción con las disciplinas mencionadas. Esta vinculación ha generado importantes programas de investigación que conocemos como estudios actualísticos y que forman parte de la Teoría de Rango Medio (véase cap. 1); ellos son la etnoarqueología, la arqueología experimental y la tafonomía.

1.1 Analogía

Cuando se hace una observación de una situación determinada y se la proyecta en otra, hacemos una *analogía*. Desde el punto de vista epistemológico es una correlación entre los términos de dos o varios sistemas u órdenes. La existencia de una relación entre cada uno de los términos de un sistema y cada uno de los términos del otro expresa similitud de relaciones. Todo razonamiento analógico se funda en el principio de uniformidad, concepto surgido de los estudios geológicos de Hutton en el siglo XVIII. Según este principio, se da por sentado que los procesos que actúan en el presente son similares a aquellos que han actuado en el pasado. Esto permite que la información que obtenemos de observaciones actuales pueda ser empleada para comprender el registro arqueológico. El empleo de la analogía ha generado controversias en cuanto al papel que desempeña en las ciencias. Para algunos autores –e.g. Hempel– sólo cumple un papel heurístico en la generación de hipótesis o modelos, mientras que para otros –e.g. Bunge– también puede ser parte de la explicación. La arqueología no ha escapado a este debate. Considerada inevitable por algunos en el quehacer arqueológico, ha sido criticada por otros. Este es el caso de Gould (1978), que sólo le atribuye la posibilidad de sugerir hipótesis pero no la de justificarlas. Recientemente, Binford (2001) sostiene que el razonamiento analógico sirve para la construcción de teoría y que no es un fin interpretativo en sí mismo.

Al margen de las diferentes posiciones, la analogía, y principalmente la etnográfica, ha servido para adjudicar función a materiales arqueológicos. Por medio del razonamiento analógico, artefactos de función conocida en sociedades etnográficas se emplean para caracterizar otros de forma similar encontrados en contextos arqueológicos. Esta *analogía directa* basa sus inferencias en el grado de similitud entre la fuente etnográfica y el objeto comparado. A partir de la escuela procesual y el desarrollo de la etnoarqueología se comenzó a emplear otra forma de analogía más compleja que supera la similitud entre fuente y objeto, denominada *analogía sustancial*. Aquí ambos términos análogos poseen cualidades objetivas similares. A través de fenómenos conocidos se puede intentar interpretar de manera semejante aquellos que no lo son. Yacobaccio (1991) ha señalado que el empleo de la analogía sustancial exige reducir las fuentes de variabilidad interna de los dos análogos y tener cierto control sobre ellas.

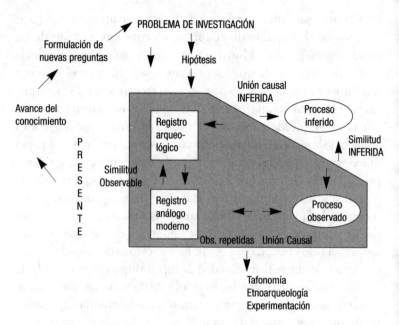

Figura 4.1. Modelo de razonamiento analógico para generar conocimiento inferencial.
Modificado de Gifford-González (1991: figura 1).

En el esquema del razonamiento analógico (fig. 4.1), la zona sombreada muestra los procesos, fenómenos y entidades que son observables en el presente. Se compone principalmente del registro arqueológico, pero también de otros tipos de registros, a los que llamamos análogos modernos. Tomemos como ejemplo las marcas que deja un zorro en los huesos de una presa. Existe una similitud observable entre las características de las marcas que el zorro produce en un hueso mientras consume o carroñea una presa y las que podríamos encontrar en un espécimen óseo arqueológico. De acuerdo con la figura 4.1, nosotros en el presente observamos al zorro mascar el hueso (la causa) y originar las marcas (efecto estático). No podemos hacer lo mismo en el caso del espécimen óseo arqueológico. Sencillamente porque las circunstancias en que ese dato se generó tuvieron lugar en un contexto que no nos es conocido. Pero sí tenemos una similitud observable entre el registro análogo moderno y el arqueológico. Además contamos con la posibilidad de observar en repetidas oportunidades el(los) proceso(s) que da(n) cuenta de ese registro análogo. La posibilidad de registrar el comportamiento del zorro y el registro resultante es lo que nos permite establecer una relación causal entre la dinámica en cuestión y su resultado estático. También existen procesos que nos interesa establecer, pero que no son observables en el presente, y que se encuentran fuera de la zona sombreada de la figura. La relación causal entre estos procesos y el registro arqueológico debe ser inferida. Para ello nos basamos en las nociones de cadenas causales, equifinalidad y razonamiento por analogía.

1.2 Cadenas causales y equifinalidad

Muchos de los comportamientos que estudia la arqueología no escapan a las generalidades de las leyes de causa-efecto. Estas leyes son las que nos permiten conocer e inferir una serie de circunstancias específicas. Por ejemplo, la manufactura de artefactos está condicionada por los principios generales de las leyes físicas y químicas de los materiales con los cuales son confeccionados. Por ejemplo, una punta de proyectil se fracturará si no cumple con un determinado ángulo de penetración en una presa. O bien, las propiedades físico-mecánicas de las materias primas lítica u ósea condicionan las actividades que estos artefactos pueden realizar. Es decir que en la fabricación de cualquier artefacto o estructura –desde una cerámica hasta un edificio, pasando por un ordenador– existen condicionantes específicos de las propiedades de las materias primas que se emplean y/o combinan en un determinado momento.

Ya hemos mencionado que para producir un artefacto es necesario un determinado proceso de manufactura. Este último es la *causa inmediata* o condición necesaria de la existencia del primero. Las *causas mediatas* que intervienen en su manufactura pueden ser múltiples y carecer de un reflejo material concreto. Este nivel de causalidad se halla relacionado con las tomas de decisiones que efectúa un individuo o una población en su vida cotidiana y que pueden vincular causas diferentes entre sí. La necesidad de una población de ser eficaz en su subsistencia la lleva a tomar decisiones específicas en diferentes ámbitos, tecnológico, social, religioso, que se interrelacionan causalmente. Por ejemplo, en lo tecnológico la selección de materias primas y su aprovisionamiento pueden estar vinculados estrechamente a decisiones relativas a la movilidad o pautas de asentamiento. Las causas *mediatas,* que se eslabonan entre sí generando una cadena de causalidad compleja, pueden no ser determinantes para establecer cierta configuración específica del registro material. Sin embargo, son condiciones suficientes de las causas inmediatas, las que sí poseen un reflejo material. Esta causalidad compleja es típica de la cultura.

Por lo tanto, estamos aquí frente a un nuevo problema en la determinación de las posibles cadenas causales que dieron lugar a un cierto contexto arqueológico. Una determinada configuración del registro puede ser el producto de conductas diferentes que producen el mismo resultado. Y a la inversa, manifestaciones materiales de una misma conducta pueden producir resultados diferentes. Esta es una característica de los sistemas abiertos, como lo es la cultura, que denominamos *equifinalidad.* Si bien se trata de un problema de difícil solución en arqueología, es posible reducir los márgenes de error si se amplía el foco de los estudios actualísticos a fin de incluir el estudio de la variabilidad de la conducta en sí misma.

Para O'Connell (1995) esto sería posible bajo el marco de una teoría general capaz de predecir y dar cuenta de la diversidad de las conductas humanas. Desde el punto de vista epistemológico, una teoría general debería guiar los pasos para poder ir desde las causas inmediatas –las que producen el reflejo material– hacia aquellas mediatas, visualizando los eslabones siguientes de la cadena causal y ampliando nuestro conocimiento sobre las conductas humanas. Una teoría así concebida debería permitir a los arqueólogos desarrollar expectativas potencialmente comprobables acerca de la conducta y sus consecuencias arqueológicas en cualquier situación pasada o presente, aun cuando sean diferentes o no tengan correlato con ninguna conducta humana conocida. A continuación presentamos algunos de los estudios actualísticos más empleados.

2. Etnoarqueología

Ya desde fines del siglo XIX, la analogía etnográfica sirvió como fuente para la interpretación del registro arqueológico. Algunos de los arqueólogos discípulos de Boas –C. y V. Mindeleff, Cushing– fueron los primeros en proponer la necesidad de estudiar las conductas de los grupos Hopi del sudoeste norteamericano para comprender el registro arqueológico de la región. Y es uno de ellos, Jesse W. Fewkes, quien acuña la palabra etnoarqueólogo en el año 1900, caracterizándolo como aquel investigador mejor preparado para entender las evidencias materiales del pasado. Los detallados estudios etnográficos de la primera mitad del siglo XX fueron la fuente primordial del uso de la analogía directa en la interpretación del registro arqueológico. Pero a mediados de la década de 1970 los arqueólogos comienzan a reconocer la limitación de estos estudios para la interpretación del registro arqueológico. En especial, arqueólogos enrolados dentro de la naciente corriente de la arqueología procesual ven la necesidad de estudiar a grupos no occidentales, no con una perspectiva etnográfica sino con una arqueológica, una perspectiva que ponga especial énfasis en el registro material. Desde esta perspectiva se han publicado numerosos libros y artículos (véanse sus detalles en David y Kramer, 2001).

O'Connell, uno de los etnoarqueólogos más destacados, tras una revisión de los trabajos de los últimos 20 años, definió la et-

noarqueología como el estudio en el presente de las relaciones entre las conductas humanas y sus consecuencias materiales. De esta
forma, se distingue de la etnografía en su explícita atención hacia
los fenómenos arqueológicos, pero comparte la metodología de la
observación sistemática de sociedades vivientes, diferenciándola
así de los otros estudios actualísticos. En general, su fin último es
generar modelos testeables a partir de la observación de poblaciones contemporáneas. Esos modelos sirven para que los investigadores puedan conocer la variabilidad de las conductas humanas a
través de sus indicios y/o huellas materiales. Según Longacre
(1981), la ventaja de la etnoarqueología radica en que permite visualizar tanto la variabilidad de las conductas humanas como la de
la cultura material. Si analizamos el momento histórico en que na-
ce la etnoarqueología podemos apreciar que, de alguna manera, los
arqueólogos están tratando de ligar y/o enlazar la dicotomía contexto arqueológico-sistémico, en especial a través de datos cuantitativos (e.g. Binford, 1978). Las poblaciones contemporáneas
brindan una posibilidad de construir puentes metodológicos que
permitan cuantificar e interpretar el registro material, a la luz de
comportamientos humanos concretos y actuales que lo producen.
Con ello es posible inferir las relaciones entre comportamientos y
cultura material, tratando de evitar los problemas de la analogía directa y los de la equifinalidad. En otras palabras, son los arqueólogos quienes desarrollaron la etnoarqueología a fin de obtener un
tipo de información que no estaba contemplado en los programas
de investigación de los antropólogos; no por falencias metodológicas sino por diferencia de objetivos últimos.

A pesar de ello, la etnoarqueología posee un grado de interrelación con la etnografía (fig. 4.2) y en especial con los enfoques ecológicos más recientes de esta última. Desde un punto de vista
metodológico, no es simplemente el uso de información etnográfica –cuali o cuantitativa– generada por antropólogos sino una investigación conducida por arqueólogos en sociedades actuales, que
intentan responder a hipótesis arqueológicas de distinto tenor y

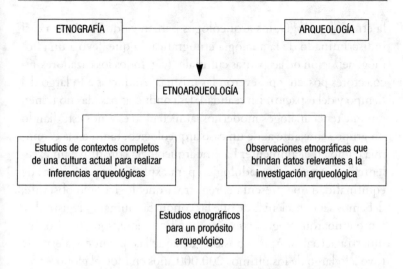

Figura 4.2. El lugar de la etnoarqueología en la antropología.
Modificado de Thompson (1991: figura 11.1).

con técnicas propias de relevamiento en el terreno. La etnoarqueología presenta un campo de acción amplio que va desde estudios tecnológicos específicos hasta patrones de movilidad e intercambio entre poblaciones, pasando por análisis de trozamiento de presas, uso de espacios residenciales y rituales. Esto le permite generar modelos que pueden ser útiles en investigaciones arqueológicas en cualquier lugar del mundo, no sólo para aquellas regiones donde se los ha formulado, contribuyendo así al conocimiento arqueológico de los comportamientos humanos.

La etnoarqueología ha realizado un importante aporte a la comprensión de la variabilidad del comportamiento cultural en relación con diferentes aspectos, como los sociales, ambientales, religiosos. La comprensión de cómo se toman decisiones en un grupo ha permitido modelar situaciones particulares que pueden ser motivo de cambios en las sociedades. Antes del surgimiento de la etnoarqueología, los arqueólogos habían caído en un uso casi indiscriminado de la analogía etnográfica, lo que llevó a una homogeneización de las pautas culturales (e.g. todos los cazadores-recolectores poseen y poseyeron las mismas conductas a lo largo del tiempo y del espacio). En realidad, las conductas pasadas no tienen por qué tener análogos modernos, aun cuando estemos estudiando un grupo semejante al de un caso arqueológico, tanto en la economía como en el ambiente. La etnoarqueología constituye un excelente instrumento metodológico para explotar los problemas de equifinalidad que presenta el registro arqueológico. No obstante, debemos ser conscientes de que las conductas humanas registradas, tanto etnoarqueológica como etnográficamente, son tan sólo una muestra actual, simple y posible, de aquellas que nuestra especie tuvo a lo largo de los últimos 200.000 años en todo el globo.

Los trabajos etnoarqueológicos se han realizado sobre la base de la observación de diferentes tipos de subsistencia –e.g. cazadores-recolectores, agricultores o pastores– principalmente en África, Australia y América. Algunos fueron concebidos como *historias de precaución* acerca del grado de confianza de las inferencias hechas a partir del registro arqueológico. Uno de los trabajos pioneros es el de Bonnichsen (1973) en un campamento abandonado poco antes de su estudio en 1969, ubicado en el sector canadiense de las Montañas Rocosas, cerca del poblado de Grande Cache, Alberta. Ese campamento fue ocupado por Millie, del grupo creek, conjuntamente con su esposo y cuatro hijos. Tras la excavación y análisis de los materiales obtenidos se produjo un informe de las posibles conductas que pudieron haber acontecido. Luego Bonnichsen visitó a Millie y le mostró el informe y sus resultados. De la confrontación del informe y los recuerdos de Millie, Bonnichsen encontró que a) a algunos artefactos se les adscribieron erróneamente determinadas funciones, b) se habían realizado asociaciones de artefactos y ecofactos que no eran las reales, c) las áreas de actividad propuestas no guardaban relación con aquellos comportamientos realmente llevados a cabo y d) las relaciones efectuadas entre las diferentes áreas de actividad no eran erróneas. Bonnichsen concluye que los arqueólogos deben ser muy cautelosos con sus interpretaciones aun cuando estas tengan un nivel inferencial lógico. Con el mismo objetivo, parte del trabajo de Hayden (1979) en asentamientos actuales de grupos de lengua pintupi, en el Desierto Occidental de Australia provee otro ejemplo de proyecto etnoarqueológico orientado a la generación de historias de precaución.

Aunque no abundantes, los trabajos etnoarqueológicos sobre tecnología –lítica, cerámica– han provisto de información relevante para comprender diferentes aspectos de la producción de artefactos. Algunos son descriptivos y recrean cadenas causales muy cortas; otros intentan explicar los condicionamientos que imponen, por ejemplo, la subsistencia, la movilidad, el intercambio en las conductas de selección de materias primas, la manufactura, uso y descarte de artefactos.

Con respecto a la tecnología lítica, gran parte de los estudios referidos a los procesos de manufactura se han volcado hacia diferentes aspectos (e.g. la replicación de diferentes procesos de manufactura). Quizás uno de los principales problemas que enfrenta cualquier proyecto interesado en la relación conducta-registro material en relación con la manufactura y el uso de artefactos líticos es que, no importa cuán aislado se encuentre el grupo que se observa, prácticamente no existe hoy un uso pleno de la piedra en sociedades de cultura no occidental. La piedra como materia prima ha sido sustituida por el metal para la mayor parte de las tareas para las cuales anteriormente se la utilizaba. Trabajos como el de Binford y O'Connell con los Alyawara de Australia dejan en claro que no pretenden estar observando la tecnología lítica «en acción», ya que son conscientes de que la tecnología lítica de este grupo está obsoleta desde hace muchas décadas.

Es indudable que los trabajos etnoarqueológicos pioneros –e.g. Binford con los Nunamiut en Alaska, Yellen con los !Kung en Botsuana o Longacre con los Kalinga de Filipinas– han marcado el camino de muchas investigaciones relacionadas, tanto con la tecnología lítica y cerámica como con otros aspectos como uso del espacio, áreas de actividad, etcétera. Este es el caso de Binford entre los Nunamiut de Alaska: diversos trabajos evaluaron los correlatos materiales de distintas conductas tecnológicas; otros analizaron el espacio en sus distintas escalas, principalmente intrasitio, y los patrones de formación de conjuntos artefactuales.

Asimismo, en los últimos años, el creciente interés por identificar factores de carácter social o ideológico que podrían producir una marca identificable en el registro arqueológico no escapó a la etnoarqueología. A partir de la década de 1990, diferentes autores con distintos resultados han tratado de identificar los reflejos materiales vinculados con la identidad y la ideología política predominante. Por ejemplo, Politis pone énfasis en la consideración de aspectos sociales y rituales en la formación del registro arqueológico sobre la base de sus estudios con los Nukak de Colombia.

A su vez, Moore realizó un estudio etnoarqueológico entre los marakwet del África oriental. Descubrió que las concepciones que este grupo tenía sobre el género afectaban la disposición en el espacio de las construcciones del poblado. La organización espacial de las casas y demás instalaciones tenía relación con sus ideas sobre lo que, para ellos, significaba ser hombre o mujer. De esta manera, las distintas estructuras domésticas eran masculinas o femeninas. También, Hodder piensa que, para poder entender los factores que afectan a los procesos de abandono de los desechos, es necesario, entre otras cosas, indagar en las actitudes de la gente y sus creencias. En su trabajo con los Nuba en África oriental observó la distribución de huesos de cerdo y de vacuno en distintos asentamientos. Encontró grandes cantidades de huesos de cerdo en el recinto de un grupo y muy pocos en el de otro. Entre los Nuba, lo femenino se asocia con los cerdos (ellas son las responsables de cuidarlos y alimentarlos). En uno de los grupos existía la creencia entre los hombres de que las mujeres eran impuras, por eso las estructuras se mantenían limpias de huesos de cerdo. En otro grupo, este tipo de creencias se manifestaba muy débilmente, por lo que la gente de esta zona no prestaba atención a la limpieza de los recintos.

Los estudios etnoarqueológicos realizados por representantes de distintos enfoques dentro de la corriente teórica posprocesual resaltaron algunos aspectos que se contraponen a las posturas procesuales. Por ejemplo, se rechazó la confianza mostrada por Binford en las potencialidades de la Teoría de Rango Medio como árbitro neutral entre explicaciones alternativas. Se reafirmó la idea de la importancia que tenían las creencias de la gente y su poder de simbolización y la idea de que las culturas no se podían interpretar únicamente en términos de adaptación al medio. Además, se observó claramente que la gente hace un uso muy diverso de los objetos en función de distintas estrategias sociales. La cultura material no es simplemente un reflejo de un conjunto de normas.

3. Arqueología experimental

En la década de 1960, Ascher fue uno de los propulsores de la arqueología experimental, considerándola como una metodología útil para la investigación arqueológica. Esta especialidad recibió un gran impulso con los trabajos de investigadores como Coles, Tringham y Callahan, en los que se pone a prueba el papel de los experimentos en la inferencia y explicación arqueológica. Para Callahan (1979) la arqueología experimental es una disciplina que implica la replicación, el análisis y/o la interpretación de materiales arqueológicos a través de los medios de la experimentación científica. A diferencia de la etnoarqueología, en la que el arqueólogo es un observador, en la arqueología experimental el propio investigador confecciona los artefactos. La finalidad de estos estudios radica en conocer tanto la manufactura de materiales como los comportamientos humanos que están involucrados en el proceso, el uso, el descarte, el deterioro y la recuperación de los restos materiales.

La arqueología experimental permite observar posibles pasos y gestos técnicos, por ejemplo en la fabricación de un artefacto, así como los vestigios resultantes que quedan de las actividades realizadas, y compararlos con los artefactos arqueológicos. Esto ayuda a la construcción de modelos explicativos e interpretativos. También, cuando deseamos estudiar la tecnología cerámica, obtenemos información de su contexto de producción: manufactura, cocción, uso y descarte de vasijas. Esto brinda un conjunto de datos que posibilita la elaboración de modelos útiles para el estudio de la cerámica arqueológica.

Los experimentos, para tener rigurosidad científica, deben contar con objetivos y metodologías claros y explícitos. Además, deben tener la posibilidad de repetirse y de controlar las diferentes variables que se ponen en juego, las que deben poseer una significación arqueológica dentro del problema a resolver. La variedad de experimentos posibles es muy grande. Y en algunos casos se requiere tener alguna capacitación en otras disciplinas. Así los arqueólogos han de contar con ciertos conocimientos de física, química, geomorfología, de acuerdo con los temas que experimentarán. Esto es necesario, tanto para evaluar los resultados obtenidos de los experimentos como para poder establecer relaciones interdisciplinarias fructíferas. Es también aconsejable una concordancia entre la escala del estudio general y la del experimento que se lleva a cabo. Asimismo los experimentos requieren una selección de materiales y métodos apropiados y una honesta evaluación de los procedimientos. Otro aspecto fundamental es la documentación del trabajo experimental, que incluye fotografías, vídeos, dibujos y un registro detallado de las variables consideradas y de los datos obtenidos. Finalmente, es relevante saber que los resultados experimentales no pueden ser tomados como prueba que contrasta una teoría, sino que son sus lecturas las que nos ayudan a explicar determinadas cuestiones.

Podemos diferenciar distintos niveles en la experimentación. El más básico de ellos comprende las observaciones no rigurosas o de adquisición de pericia. Es por ello que la arqueología experimental no debe confundirse con el aprendizaje de los procesos técnicos. Por ejemplo, aprender a tallar una punta de proyectil o manufacturar una vasija de cerámica es un paso previo para analizar cualquier aspecto relacionado con la cadena tecnológica, pero por sí misma no es nada más que la adquisición de una destreza. Otro tipo de estudio experimental es aquel con bajo o poco control de las variables puestas en juego. En este caso la experimentación se realiza de forma rigurosa pero la toma de datos es parcial. Son útiles para el estudio de aspectos concretos, o como complemento de otros experimentos ya realizados, en los que se conoce cómo actúan determinadas variables del experimento. Finalmente, un trabajo experimental riguroso es aquel que posee un alto control de variables. En gran medida, los principios de las leyes de causa-efecto dominan los experimentos. Estos tendrán mayor relevancia para contrastar un problema arqueológico cuanto mayor sea el control de las variables que se ponen en juego, aun cuando en algunos casos no se puedan resolver los problemas de la equifinalidad.

El rango de aplicaciones de los trabajos experimentales abarca temas muy variados. Un caso clásico de experimentación a largo plazo es el terraplén y foso construido en 1960 en Overton Down, en el sur de Inglaterra. La finalidad de este experimento es establecer el modo como se alteran las estructuras monticulares y el foso a lo largo del tiempo. Además se observará qué sucede con los diferentes materiales, cerámica, cuero, tejidos, que fueron enterrados. Se planificaron controles experimentales con una periodicidad pautada, cubriendo un lapso de 128 años. El objetivo de estos experimentos en una perspectiva temporal de largo plazo es comprender los distintos agentes geomorfológicos, antrópicos, etc., que pueden incidir en la formación del registro arqueológico. Los resultados de estos estudios se han publicado en diferentes revistas especializadas.

Los conocimientos sobre la metalurgia prehispánica también han sido puestos a prueba a través de la experimentación. En el si-

tio Batán Grande, Andes Centrales peruanos, se han hallado yacimientos correspondientes a talleres de fundición con hornos, cercanos a minas prehistóricas ricas en cobre. En la región hubo
fundición de cobre a escala industrial entre el año 900 y el año
1532 d.C. Los estudios experimentales de réplica de la fundición,
utilizando un horno de 600 años de antigüedad, han demostrado
que se podían alcanzar temperaturas de 1100°C a 1250°C. Para reducir el mineral de cobre a escoria y cobre metálico eran necesarias
aproximadamente tres horas de temperaturas elevadas mantenidas
por un soplado continuo. Los hornos podían haber contenido de 5
a 8 kg de escoria y cobre fundidos (Shimada et al., 1990).

La producción de réplicas de instrumentos líticos arqueológicos también puede colaborar con la determinación de los procesos
tecnológicos involucrados así como de su manufactura y el esfuerzo requerido en ella. Arqueólogos como Keeley y Toth (1981) han
fabricado y utilizado una gran variedad de útiles líticos encontrados en el yacimiento de Koobi Fora en Kenia, de una antigüedad
de 1,5-2 millones de años. Sus estudios experimentales brindan
evidencias de que las lascas simples parecen haber sido las herramientas utilizadas. Con anterioridad a estos experimentos, se pensaba que las lascas se desechaban, ya que los núcleos eran el
producto final. Los experimentos mostraron la eficacia de las lascas
en tareas de corte. Primero, Toth replicó y usó lascas en el trozamiento de animales. Las lascas usadas por Toth fueron analizadas
por Keeley empleando lupas con poderosos aumentos y se las com-
paró con los instrumentos del Paleolítico Inferior de Koobi Fora.
Se observó que el patrón de micropulido untuoso era semejante
entre los instrumentos arqueológicos y aquellos producidos experi-
mentalmente. Estos últimos habían sido empleados en el corte de
carne y diferentes tejidos blandos de animales.

A lo largo de su breve historia la etnoarqueología y la arqueología experimental han desarrollado una fructífera interrelación. Su
complementación ha mostrado la compleja relación que existe entre la cultura material y el comportamiento humano. Uno de los

casos más emblemáticos es el de los estudios de Skibo (1992) entre los Kalinga. Este grupo habita el centro-norte de la isla Luzon, Filipinas. Las investigaciones son parte de un proyecto etnoarqueológico a largo plazo, iniciado por Longacre en 1973. En el momento en que informa Skibo, los Kalinga se encontraban en el proceso de reemplazar las vasijas tradicionales de cerámica cocida por recipientes de metal. Aunque en casi todas las casas tienen suficientes recipientes metálicos para la cocina, sólo preparan en ellos el arroz. Otros alimentos, como los vegetales y la carne, se cuecen en recipientes de cerámica. Las mujeres Kalinga argumentan que los recipientes metálicos son usados para el arroz porque de esa forma se cocina más rápidamente. Estudios experimentales demostraron que los recipientes de metal alcanzan el punto de ebullición entre uno y cinco minutos más rápido que las vasijas de cerámica. A las mujeres kalinga se les preguntó por qué no usaban los recipientes metálicos para cocinar también la carne y los vegetales. Empleando el mismo argumento sobre la temperatura, contestaron que esos recipientes cocinaban demasiado rápido, quemaban la comida y eran difíciles de lavar. En realidad, los estudios experimentales indican que los restos de los alimentos quemados, adheridos en el fondo de los recipientes metálicos, no alteran el proceso de cocción pero sí su apariencia. La diferencia y con ello el uso diferencial de artefactos está dado por otra actividad: la limpieza. Los recipientes metálicos adquieren su importancia particular entre los kalinga porque son tratados como objetos de prestigio. Se limpian con el mayor cuidado para conseguir que queden brillantes y poder colgarlos así en el interior de las casas.

Los estudios experimentales constataron que la diferencia de tiempo de cocción entre unos envases y otros era poco relevante. Por su parte, las observaciones etnoarqueológicas demostraron que la valoración de los envases culinarios se relacionaba tanto con la percepción de la gente acerca de su eficacia calórica como con los criterios de prestigio. La percepción de la eficacia calórica y el prestigio, dos factores difíciles de medir en el registro arqueológico, son los elementos que han motorizado el cambio en la cultura material de los kalinga. Como bienes preciados, las vasijas metálicas pueden llegar a costar hasta diez veces más que las de cerámica y su adquisición demuestra modernización y buena posición económica. De allí que su uso se restringe a la preparación de determinadas comidas.

4. Tafonomía

Los materiales arqueológicos son sometidos a la acción de diferentes agentes a lo largo de su historia de vida. Sus resultados varían en función de diferentes variables, pero son los restos orgánicos los que muchas veces resultan más sensibles a la acción de estos procesos, tanto los naturales como los culturales. El paleontólogo Efremov (1940), sobre la base de las investigaciones de Richter y Weigelt, propone por primera vez el término tafonomía para designar el estudio de los procesos de fosilización y enterramiento de restos óseos. La arqueología de la década de 1970 percibe su utilidad y lo adoptan, entre otros, Binford, Gifford y Lyman, transformándolo en un campo específico, con un programa de investigación propio y particular. Para Gifford (1981: 367) la tafonomía «define, describe y sistematiza la naturaleza y efectos de los procesos que actúan sobre los restos orgánicos después de la muerte» incluyendo tanto los vestigios vegetales como animales. En otras palabras, estudia la transición de los diferentes restos biológicos de su contexto de vida a su contexto fósil y los diferentes aspectos implicados en el proceso. En esta disciplina arqueológica, como cualquier ciencia que trabaja con registros fósiles, se opera con dos tipos de evidencia. Por un lado, con los restos y trazas de organismos presentes en un registro; y por el otro, con los contextos geológicos en que se encuentran. Los restos son aquellas partes de los organismos que han perdurado de alguna manera en el registro arqueológico (e.g. huesos, semillas). Por su parte, las trazas son evidencias que reflejan la interacción de un organismo con los diferentes elementos de un ambiente y que quedan registradas en sustratos orgánicos e inorgánicos. Ejemplo de ello son las marcas de dientes en un hueso o huellas de pisadas.

El estudio del paso del contexto de vida al fósil de un resto orgánico involucra dos campos: a) bioestratinomía y b) diagénesis o fosildiagénesis. La bioestratinomía abarca desde la muerte del organismo hasta su enterramiento, en tanto que diagénesis involucra desde el momento en que los restos se incorporan al sedimento hasta su recuperación. Esta división resulta de utilidad pues enfatiza los procesos y agentes actuantes sobre los restos de organismos en dos escenarios diferenciados: subaéreo y subsuperficial. Ambos escenarios tienen consecuencias diferentes en la historia tafonómica de los restos de organismos. Con posterioridad a la muerte y mientras los restos están en superficie, se ven afectados por diferentes agentes y procesos. En el caso de animales, esto implica la disociación anatómica del esqueleto, fractura de huesos, etcétera. En esta etapa, el animal muerto es fuente de energía para una variedad de seres vivos –desde vegetales hasta carnívoros e insectos–, con la consiguiente sustracción, adición y modificaciones de los restos del organismo. Estos constituyen también partículas sedimentarias y, como tales, se ven afectados por la acción de los elementos (aire, fuego, tierra y agua). La acción de agentes y procesos tafonómicos sobre los restos de animales y vegetales condiciona el estado en que estos últimos se incorporan a la litosfera. De tal modo, la composición de los conjuntos fósiles suele diferir del conjunto original al momento de muerte. Esto hace, por ejemplo, que la cantidad de huesos que componen el esqueleto y los que realmente se recuperan en una muestra fósil varíe tras la acción de diferentes procesos. Las transformaciones que ocurren durante la bioestratinomía determinan las diferencias entre el conjunto al momento de la muerte de un animal y el que se deposita y entierra. Estas discrepancias tienen que ver con la acción de agentes bióticos y abióticos, los que a través del transporte y la destrucción diferencial condicionan la parte que efectivamente ingresará al sustrato. El punto importante aquí es que los seres humanos son un agente biótico más –al igual que otros animales–, que actúa desde el momento de muerte o posteriormente, destruyendo y transportando diferencialmente las partes esqueletarias.

El paso a la litosfera implica un cambio de medio importante en la historia tafonómica de los restos de los organismos. Una vez enterrados, algunos procesos importantes en los ambientes subaéreos disminuyen su intensidad –e.g. meteorización– o desaparecen. Pero otros adquieren relevancia, en especial los relacionados con el hecho de que los restos de organismos son, en esta etapa, partículas sedimentarias ya incorporadas a un tipo de sedimento. Al suceder esto, los restos óseos pueden ser deformados por el peso de los sedimentos, afectando la localización de puntos anatómicos en un hueso, o incluso ser fracturados, afectando su posibilidad de identificación. Otros procesos diagenéticos afectan la superficie de los huesos con diferentes efectos, por ejemplo borrando y/o desvaneciendo huellas culturales dejadas por instrumentos. Los procesos diagenéticos llevan también a la desintegración química de los huesos, semillas y maderas, borrando toda señal visible de ellos. Así, estudiar tafonómicamente una muestra arqueológica da cuenta de la variedad de factores multidimensionales que la han afectado a lo largo de su historia. Podemos identificar los agentes que lo formaron y el contexto conductual que produjo esa particular asociación de huesos. Son muchas las fuentes de variabilidad que afectan la composición de los restos orgánicos en una muestra arqueológica (e.g. transporte y destrucción de huesos por animales).

En la actualidad existe una variedad de enfoques tafonómicos que ofrecen diferentes propuestas teórico-metodológicas que enriquecen las investigaciones interdisciplinarias del Cuaternario. Desde hace algo más de dos décadas, a partir de la incorporación sistemática de los estudios tafonómicos, la arqueología ha realizado importantes contribuciones en este sentido. La tafonomía permite dotar de significado ecológico a los patrones que observamos en el registro arqueofaunístico, y es en este nivel en el que muchas de las conductas humanas, sus tendencias y procesos, pueden ser explicados.

5. Consideraciones finales

A modo de síntesis deseamos resaltar algunos puntos que consideramos relevantes. Una de las tareas más arduas para el arqueólogo es poder inferir conductas a partir de los vestigios arqueológicos hallados en los diferentes sitios. En este sentido, los estudios actualísticos han contribuido en forma significativa a entender la naturaleza del registro arqueológico. Todas las investigaciones que poseen un aspecto actualístico son importantes para la construcción de instrumentos con los que controlar las ideas utilizadas en las explicaciones del pasado. No obstante, es fundamental tener en cuenta que tanto la arqueología experimental como la etnoarqueología y la tafonomía resultan más relevantes si se encaran desde una perspectiva regional y consideran una escala temporal a largo plazo. En este sentido se espera que las investigaciones actualísticas puedan ser generadoras de hipótesis para vincular la cultura material con los comportamientos, contribuyendo a la construcción de conocimiento sobre nuestro pasado.

Bibliografía

Binford, L. R. 1978. *Nunamiut Ethnoarchaeology*. Nueva York, Academic Press.
— 2001. *Constructing Frames of Reference. An Analytical Method for Archaeological Theory Building Using Hunter-Gatherer and Environmental Data Sets*. Berkeley, University of California Press.
Bonnichsen, R. 1973. Millie's camp: an experiment in archaeology, *World Archaeology*, núm. 4, pp. 277-291.
Callahan, E. 1979. *The Basics of Biface Knapping in the Eastern Fluted Point*

Tradition: A Manual for Flintknappers and Lithic Analysts, Archaeology of Eastern North America, vol. 7, núm. 1.

David, N. y Kramer, C. 2001. *Ethnoarchaeology in Action.* Cambridge, Cambridge University Press.

Efremov, I. A. 1940. Taphonomy: a new branch of paleontology, *Pan-American Geologist,* núm. 74, pp. 81-93.

Gifford, D. P. 1981. Taphonomy and paleoecology: a critical review of archaeology's sister disciplines, *Advances in Archaeological Method and Theory,* núm. 4, pp. 365-438.

Gifford-González, D. P. 1991. Bones are not enough: analogues, knowledge, and interpretive strategies in zooarchaeology, *Journal of Anthropological Archaeology,* núm. 10, pp. 215-254.

Gould, R. 1978. Beyond analogy in ethnoarchaeology, en R. Gould (comp.), *Explorations in Ethnoarchaeology,* Albuquerque, University of New Mexico Press, pp. 249-293.

Hayden, B. 1979. *Paleolithic Reflections, Lithic Technology and Ethnographic Excavations among Australian Aborigines.* Canberra, Australian Institute of Aboriginal Studies.

Keeley, L. y Toth, N. 1981. Microwear polishes on early stone tools from Koobi Foora, Kenya, *Nature,* núm. 293, pp. 464-465.

Longacre, W. 1981. Kalinga pottery: an ethnoarchaeological study, en I. Hodder, G. Isaac y N. Hammond (comps.), *Pattern of the Past: Studies in Honor of David Clarke.* Cambridge, Cambridge University Press, pp. 49-66.

O'Connell, J. 1995. Ethnoarchaeology needs a general theory of behavior, *Journal of Archaeological Research,* núm. 3, pp. 205-225.

Shimada, I., Elera, C. y Chang Joo, V. 1990. Excavaciones en hornos de cerámica de la época Formativa en Batán Grande, Costa Norte del Perú, *Gaceta Arqueológica Andina,* núm. 20, pp. 19-43.

Skibo, J. M. 1992. *Pottery Function: A Use-Alteration Perspective.* Nueva York y Londres, Plenum Press.

Thompson, R. H. 1991. The archaeological purpose of ethnoarchaeology, en W. Longacre (comp.), *Ceramic Ethnoarchaeology.* Tucson, The University of Arizona Press, pp. 233-254.

Yacobaccio, H. D. 1991. Información actual, analogía e interpretación del registro arqueológico, *Shincal,* vol. 3, núm. 1, pp. 185-194.

III
LOS COMIENZOS DEL COMPORTAMIENTO MODERNO

5
El ambiente durante el Pleistoceno

Ana M. Aguerre y Silvana Buscaglia

Antes de caracterizar sintéticamente el surgimiento del comportamiento moderno durante los momentos culturales conocidos como Paleolítico Medio y Superior, presentamos una breve introducción a la diversidad ambiental del Pleistoceno, primera etapa del Cuaternario. La necesidad de comprender la variabilidad que ofrece un espacio a las poblaciones que lo habitan ha llevado a profundizar los estudios paleoambientales. Esto es relevante ya que tiempo y espacio son dos coordenadas necesarias para que interpretemos la aventura del hombre durante la prehistoria. Y tiempo y paleoambiente fueron bien distintos de los actuales a lo largo del Pleistoceno, en el cual coexistieron durante los momentos iniciales el *Homo neanderthalensis* y el *Homo sapiens*.

El Pleistoceno se desarrolla entre 1,8-1,6 Ma hasta 13-10 Ka.[1] A partir de entonces comienza el Holoceno o tiempos actuales, de clima más cálido.

El Pleistoceno se divide en:

Temprano –Inicial o Inferior–	1,8-1,6 Ma	a	780 Ka
Medio	780 Ka	a	130 Ka
Tardío –Final o Superior–	130 Ka	a	13-10 Ka inicios del Holoceno

---

[1] Ma es la nomenclatura para indicar millón de años, en tanto que Ka señala miles de años atrás.

Tradicionalmente las divisiones internas del Pleistoceno se formularon a partir de una base fragmentaria y discontinua de datos provenientes de los estudios de Penck y Brückner del año 1909 sobre las glaciaciones alpinas. Esto dio lugar a la cronología clásica en la que se reconocen cuatro principales glaciaciones –Günz, Mindel, Riss y Würm– separadas por tres interglaciares.

Actualmente y con mayor precisión, el Pleistoceno se subdivide en una serie de oscilaciones de avances glaciares y retrocesos o interglaciares, enumeradas secuencialmente desde el presente hacia el pasado, comenzando con el número 1. Son conocidas como *Oxygen Isotope Stage* y abreviadas con la sigla OIS más el número correspondiente a la oscilación. En cada estadio *(stage)* se reconoce un período glaciar. Durante el Pleistoceno hubo un total de 104 OIS. La convención adoptada consiste en identificar los rasgos y eventos durante el Pleistoceno como ocurridos dentro de alguno de estos estadios del isótopo del oxígeno (OIS). La rapidez y frecuencia de los ciclos climáticos de ese período se miden a través de los isótopos estables del oxígeno en concentraciones de carbonato de calcio de un tipo de microfósiles –los foraminíferos– procedentes de muestras extraídas de la profundidad del lecho marino. Por ejemplo, el OIS 3 abarca del 60 al 25 Ka, justo el período en que se discuten las posibles relaciones entre Neanderthales y *Homo sapiens* en Europa.

Las columnas de sedimentos marinos se han datado mediante diferentes métodos así como también se realizaron análisis de polaridad magnética. Estos estudios demostraron que hace 780 Ka el campo magnético terrestre tuvo su polaridad invertida en relación con la actual y se la conoce como MBB (*Matuyama-Brunhes Boundary* [Pillans, 2003]). Este cambio de polaridad marca la separación entre el Pleistoceno Temprano y el Medio. La figura 5.1 resume las principales divisiones del Pleistoceno.

El Pleistoceno Temprano posee 11 estadios u oscilaciones glaciarias e interglaciarias y finaliza hacia el 780 Ka. El período que abarca el análisis de los próximos capítulos es el Pleistoceno Tardío.

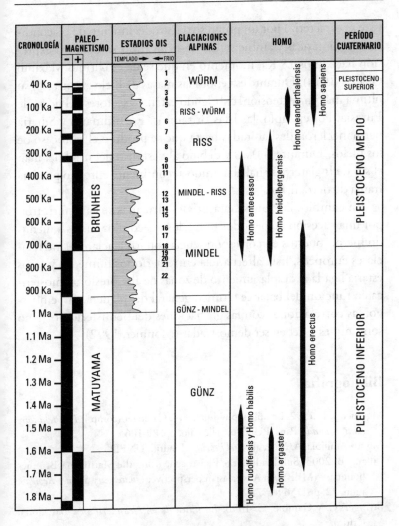

Figura 5.1. Variaciones climáticas ocurridas durante el Pleistoceno en relación con las diferentes especies de Homo mencionadas en esta sección, sobre la base de Muñoz Amilibia et al., 1996.

Este se caracteriza por un progresivo recrudecimiento de las condiciones climáticas y ambientales, hasta alcanzar su máxima expresión hace unos 18 Ka, momento en que se da el Último Máximo Glaciar (UMG). Durante esa época las masas de hielo alcanzaron su última máxima extensión, cubriendo extensos sectores del norte de Eurasia. Por ejemplo, las Islas Británicas, Escandinavia y Siberia permanecieron deshabitadas hasta que se produjo el retroceso de los hielos. Durante el UMG y debido al descenso del nivel del mar, el sur de Inglaterra se hallaba unido al continente europeo por una franja de tierra firme.

En cambio, las zonas ecuatoriales africanas se caracterizaron por una sucesión de períodos húmedos y secos, los cuales a menudo fueron puestos en correspondencia con los glaciares e interglaciares europeos. Esta alternancia entre períodos húmedos y secos estaría ligada al desplazamiento de zonas de alta presión atmosférica en función del balance térmico general del planeta. Sin embargo, las correlaciones con las glaciaciones del hemisferio norte no son simples y deben ser demostradas (Monnier, 1992).

Bibliografía

Monnier, J. L. 1992. Le milieu physique, en J. Garanger (comp.), *La Préhistoire dans le monde*. París, PUF Nouvelle Clio, pp. 89-106.

Muñoz Amilibia, A. M. et al., *Prehistoria I*. Madrid, UNED.

Pillans, B. 2003. Subdividing the Pleistocene using the Matuyama-Brunhes boundary (MBB): An Australasian perspective, *Quaternary Science Reviews*, núm. 22, pp. 1569-1577.

Stringer, C. y Gamble, C. 1996. *En busca de los Neanderthales*. Barcelona, Crítica.

6
La inquietante humanidad de los Neanderthales

Alicia Haydée Tapia

El Paleolítico Medio es una construcción conceptual heredada de los prehistoriadores franceses de finales del siglo XIX. Fue definido sucesivamente por Mortillet en 1897, el Abate Brehuil en 1912 y F. Bordes en 1956 y durante la mayor parte del siglo XX fue utilizado para agrupar los restos óseos humanos y culturales comprendidos entre 120 y 30 Ka. La industria musteriense, así designada por los artefactos líticos encontrados en el sitio francés Le Moustier, se consideró su expresión tecnológica típica. A su vez, la asociación de los artefactos líticos con restos óseos de Neanderthales en diferentes sitios de Europa oriental y occidental fue el argumento que –durante varias décadas– consagró a esta especie como la única presente en este período. No obstante, en los últimos veinte años las investigaciones efectuadas en Europa, Oriente Próximo y África nororiental han permitido cuestionar y resignificar el tradicional Paleolítico Medio. Stringer (2002) señala que la profundidad temporal del período se ha ampliado a los 200-230 Ka y que dentro de ese lapso se incluyen los restos humanos de al menos tres homínidos: los que se agrupan con el nombre genérico de preneanderthales, el *Homo neanderthalensis* y el *Homo sapiens*. Los restos óseos de estos homínidos se encuentran asociados con diversos conjuntos artefactuales que varían espacial y temporalmente.

1. La variabilidad del registro arqueológico

Hacia los 200 Ka y en diversas regiones de África, Europa y el Oriente Próximo, los contextos arqueológicos correspondientes a la industria achelense del Paleolítico Inferior son reemplazados por conjuntos donde aumenta la frecuencia de la extracción sistemática de lascas y la confección de instrumentos específicos a partir de ellas. Sin embargo, más allá de compartir este rasgo técnico, los conjuntos artefactuales presentan gran variabilidad local y regional. Algunos están acompañados de bifaces, otros presentan técnicas específicas que se vinculan con las características de la materia prima utilizada. En varios casos los instrumentos han sido descartados sin demasiado desgaste mientras que en otros se reciclan los filos hasta llegar al agotamiento. Mellars (1992) ha demostrado que los restos faunísticos difieren en tamaño, tipo de presas y piezas representadas, y que también son variables las pautas de ocupación de los asentamientos, las formas de resolver la subsistencia y las expresiones simbólicas visibles en el registro arqueológico.

Los nuevos datos y fechados obtenidos fuera de Europa indican que el hombre de Neanderthal no habría sido el único humano productor de la industria musteriense y sus variedades. Hacia los 150 Ka, los restos humanos encontrados en sitios del sur y este de África –Klasies River, Boomplaas, Wonderwerk, Border Cave– y del Oriente Próximo –Skuhl, Tabun, Qafzeh, Kebara, Amud– indican la presencia inequívoca de los humanos modernos (véase cap. 7). En sitios del norte del África subsahariana y de Bélgica fechados en 100 Ka, no sólo aparecieron lascas obtenidas a partir de una tecnología sistemática sino también hojas, procedentes de núcleos prismáticos tradicionalmente considerados exclusivos del Paleolítico Superior.

Las evidencias de variabilidad en el registro arqueológico y de contemporaneidad entre poblaciones humanas de diferente especie han reemplazado los esquemas que encasillaban el Paleolítico Medio en una tipología estática, en una única especie de homínido y en comportamientos culturales invariantes. Teniendo en cuenta las nuevas dataciones, Mellars (1992) y Rolland y Dibble (1990) demostraron que algunas variaciones de los conjuntos líticos podrían explicarse a partir de los cambios técnicos que se observan a lo largo del tiempo. El musteriense no es una expresión cultural estable, tampoco se reconoce una variación estocástica o a saltos. Por el contrario, las secuencias estratigráficas apoyan la existencia de un proceso de cambios continuos y poco marcados. Al respecto, en este capítulo se efectúa una síntesis de las principales cuestiones que se debaten sobre los modos de vida y la dinámica de los procesos culturales ocurridos durante el período en cuestión. Con tal objetivo, analizaremos aspectos de la subsistencia, la tecnología y los asentamientos cuyo conocimiento resulta de interés para comprender el surgimiento de la complejidad cultural del hombre moderno, única especie protagonista del Paleolítico Superior.

2. El marco ambiental y la extensión del mundo neanderthal

En la figura 6.1 se ilustra la distribución espacial de los sitios que ocuparon los Neanderthales a lo largo del tiempo. Si bien la extensión territorial está restringida a algunos sectores de Europa y Asia sudoccidental, incluye una gran diversidad de regiones geográficas. Binford (1985) destacó la variabilidad estacional y geográfica de los asentamientos neanderthales y diferenció ocupaciones de invierno, de verano, en cuevas de altura o cercanas al nivel del mar. En principio, esta información ha permitido sostener que los Neanderthales tenían una amplia flexibilidad adaptativa a diversas latitudes y tipos de ambientes. No obstante, Stringer y Gamble (1996) consideran que dicha flexibilidad sólo se hace evidente a partir de los 60 Ka. Teniendo en cuenta la cronología de las ocupaciones, sostienen que los Neanderthales no habrían colonizado diferentes ambientes al mismo tiempo. Sólo a partir de esos momen-

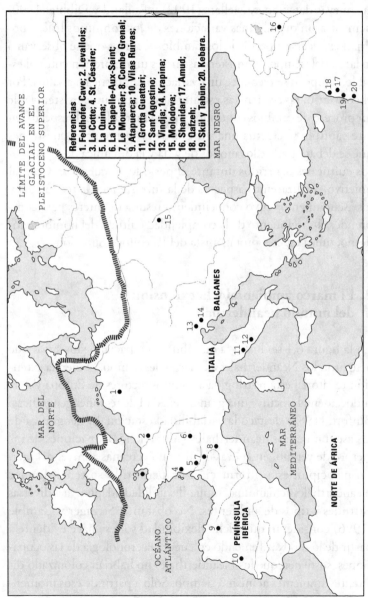

Figura 6.1. Ubicación de los principales sitios citados.

tos habrían comenzado a asentarse en ambientes de estacionalidad invernal muy marcada y con mayor exigencia calórica, como por ejemplo las estepas rusas o las áreas de alta montaña, en Ucrania, Checoslovaquia y Oriente Próximo.

Los territorios europeos más fríos del norte no fueron ocupados antes de los 60 Ka. Es probable que para entonces existiera una mayor disponibilidad de ambientes templados, más atractivos para la subsistencia. No obstante, otros factores podrían haber impulsado posteriormente los desplazamientos hacia ecosistemas más nórdicos. Algunos investigadores señalan que tales cambios parecen coincidir con los primeros desplazamientos de los hombres modernos, desde el Oriente Próximo hacia Europa oriental. ¿Presiones demográficas, competencia de recursos, competencia cultural, cambios ambientales? La respuesta a estos interrogantes es objeto de indagaciones que se vinculan estrechamente a la cuestión de las vías de dispersión del *Homo sapiens* desde África hacia Europa y el este de Asia (véase cap. 7).

La mayor densidad de ocupaciones y de restos óseos neanderthales se ha localizado en el sudoeste de Europa y en el Oriente Próximo, especialmente en las zonas montañosas de Irak, Irán e Israel. Esta distribución de hallazgos ha permitido diferenciar dos espacios geográficos de mayor concentración demográfica y varias áreas de asentamientos dispersos. La primera se localiza en el sur de Francia, donde la sucesiva reocupación de los sitios ha permitido construir las secuencias estratigráficas clásicas, como las de La Quina, Pech de l'Azé y Combe-Grenal. La segunda se ubica en las tierras altas y montañosas de Israel e Irán, donde se han encontrado restos de Neanderthales y conjuntos artefactuales musterienses en cuevas con diferentes niveles de ocupación, como Amud, Jabrud, Kebara y Shanidar.

En Europa, los ambientes más atractivos fueron las llanuras occidentales y las mesetas de mediana altura en las zonas montañosas, donde los climas oceánicos amortiguan las fluctuaciones térmicas estacionales. En los sitios franceses de la Dordoña, al igual que en las llanuras abiertas de los valles de Bélgica, Inglaterra y Alemania, los registros faunísticos asociados con materiales musterienses indican que allí habitaron abundantes y diversas manadas de animales pleistocénicos. Esas condiciones habrían sido un factor de atracción para los Neanderthales.

En Oriente Próximo, los lugares con mayor densidad demográfica se encuentran en ambientes que tenían temperaturas de menor rigor climático durante las glaciaciones y con una abundante y diversa biomasa animal. Si bien existen sitios ubicados en las elevadas latitudes de Europa, su baja densidad y el menor número de reocupaciones podrían indicar las dificultades que presentaba el clima septentrional para desplazarse durante el invierno y para la obtención de los recursos faunísticos. Si observamos la distribución geográfica de los sitios musterienses (fig. 6.1) y la relacionamos con los datos cronológicos y climáticos, se puede inferir que, cuando los climas continentales presentaban dificultades para la subsistencia, la población neanderthal tendía a instalarse en las regiones más templadas del sur y del oeste de Europa. A diferencia de la extendida dispersión y colonización de espacios que alcanzó el *Homo sapiens*, el mundo neanderthal estaba restringido a los ambientes mediterráneos. Una de las explicaciones de esta circunscripción territorial puede encontrarse en la anatomía que evidencian los restos óseos y las estrategias adaptativas que implican.

Desde el primer hallazgo de restos óseos en el río Neander, Alemania, el registro paleoantropológico y arqueológico de los Neanderthales siempre ha resultado fascinante y la interpretación de su comportamiento continúa siendo un constante desafío científico. Las características anatómicas que presentan los restos esqueletarios más tempranos indican que son el resultado de un largo proceso evolutivo. Dicho proceso se habría iniciado a partir de los llamados preneanderthales que se encuentran en el registro fósil europeo desde los 300 a los 250 Ka hasta aproximadamente los 115 Ka. Stringer y Gamble (1996) señalan que después de estas fechas, en los restos óseos hallados en Europa, Oriente Próximo y del norte africano ya se distinguen con claridad los rasgos físicos característicos de los Neanderthales clásicos o tardíos.

Los restos esqueletarios correspondientes a los llamados preneanderthales representan un número mínimo de 75 individuos. Por el contrario, los restos esqueletarios que se poseen de los Neanderthales tardíos, aunque fragmentarios y dispersos, son mucho más abundantes. Se calcula que los huesos encontrados en 52 yacimientos arqueológicos podrían pertenecer a un mínimo de 200 individuos. Si bien algunos ejemplares sólo se han identificado a partir de unas pocas piezas dentarias, en otros casos se hallaron esqueletos casi completos. Para el período comprendido entre los 70 Ka –cuando en Europa comienzan a bajar las temperaturas por el último avance glaciario– y los 35-30 Ka, los restos de Neanderthales son mucho más abundantes.

En sus investigaciones sobre el proceso evolutivo de la anatomía neanderthal, Trinkaus (1993) señala la presencia de rasgos adaptativos vinculados a condiciones frías, tal como eran los ambientes glaciarios del Pleistoceno Medio donde se desarrollaron los preneanderthales. Si bien entre 150 y 70 Ka los Neanderthales clásicos vivieron en ambientes correspondientes a fases isotópicas interglaciarias, en su anatomía se preservaron rasgos tales como la estructura corporal de talla baja y robusta y el gran tamaño de las cavidades nasales. Su robustez es el reflejo del estilo de vida y de la necesidad de invertir grandes esfuerzos físicos para procurarse el sustento. Por otra parte, la morfología de la nariz habría permitido calentar y humedecer el aire frío y seco propio de ambientes con clima de fases glaciarias.

No cabe duda de que los Neanderthales fueron humanos. Sabemos que su cráneo –a diferencia del hombre moderno– era grande y bajo, que presentaba rebordes supraorbitarios pronunciados, frente baja y mentón retraído. A través de la dentición conocemos los períodos de crecimiento y desarrollo etario. También existen evidencias sobre su longevidad, posturas, movimientos, traumatismos, heridas y enfermedades frecuentes. Sus actividades cotidianas han quedado representadas en el registro arqueológico y nos permiten conocer su forma de vida, los problemas con los cuales se enfrentaron y las decisiones que tomaron para resolverlos. Pero ¿constituye el modelo anatómico y conductual neanderthal la génesis del modelo humano moderno? Al respecto los recientes análisis de ADN han señalado que la divergencia evolutiva entre ambos homínidos se remontaría a los 600 Ka. En consecuencia, si bien ambos homínidos han sido contemporáneos y sus actividades se incluyen dentro del mismo período cultural, son el resultado de procesos evolutivos producidos en zonas geográficas y ambientes diferentes. La variabilidad que exhiben los registros arqueológicos europeos y africanos del Paleolítico Medio bien puede ser una de las consecuencias de dichos procesos.

3. El registro arqueológico de los Neanderthales

3.1 Tecnología lítica y conjuntos artefactuales

A mediados del siglo XX y apoyado en una metodología de análisis e interpretación cuantitativa, el prehistoriador francés F. Bordes estudió el material lítico procedente de muchos sitios neanderthales del suroeste de Francia. Entre otros aspectos destacó: 1) la existencia de 63 tipos distintos de instrumentos musterienses y 2) la presencia de la técnica Levallois como una de las formas de producción de lascas típicas de la industria musteriense.

En la técnica Levallois primero se talla un núcleo –i.e. guijarro– mediante sucesivas extracciones en una de sus caras a fin de obtener una forma abovedada. Luego, se prepara una plataforma de percusión para posteriormente golpear en ella y así desprender una lasca. Este procedimiento se repite hasta que el núcleo se agota o es demasiado pequeño para producir lascas. A este núcleo se lo denomina caparazón de tortuga, por su morfología final. Sobre la base de estudios experimentales, Bruce Bradley demostró que de un núcleo original de aproximadamente 4 cm x 15 cm podían obtenerse entre 3 y 8 lascas de dimensiones predeterminadas. La técnica Levallois, si bien presenta variantes regionales reconocidas en sitios europeos y del Oriente Próximo, resulta muy distinta de los núcleos de hojas del Paleolítico Superior, tanto por las técnicas que se utilizaron para su extracción como por su producto final. Mediante esta tecnología, el artesano lograba desbastar un guijarro y al mismo tiempo predeterminaba la forma de las lascas que se desprendían de ese núcleo. Desde el punto de vista de la evolución cultural se ha considerado que dicha técnica representa un avance tecnológico en la talla de la piedra. Indica que al preparar el núcleo, los Neanderthales controlaban la forma y el tamaño de las lascas que deseaban obtener. Esto requirió mayor habilidad técnica y coordinación neuromotora, cualidades que no estaban expresadas en los conjuntos artefactuales de los homínidos precedentes.

En la actualidad, las tipologías tradicionales como la que elaboró Bordes han recibido fuertes críticas. Las clases y tipos de instrumentos se definieron considerando que la forma y la función de cada uno de ellos responde a la intención inicial que el artesano se propuso al fabricarlos desde el comienzo de la operación técnica. Sin embargo, este argumento no tiene en cuenta los retoques que pueden ser producidos si se los reutiliza y/o recicla. Por ejemplo, analizando raspadores del musteriense, Chase y Dibble (1987) observan que el retoque realizado para reavivar los filos modifica su morfología. Así, partiendo de un raspador de filo rectilíneo se pasa a uno de filo convexo y finalmente a otro de filo transversal. En su opinión, reconstruir la biografía del instrumento, desde la búsqueda de la materia prima hasta el momento de su descarte, es de fundamental relevancia para la descripción y comprensión de las tecnologías líticas.

La revisión de las tipologías tradicionales también nos conduce a reformular las interpretaciones que se derivaron de la tecnología neanderthal. A partir de esta información se construyó la imagen de un ser humano muy limitado por las tradiciones técnicas, casi al punto de la estupidez. Se consideraba que, a lo largo de milenios, en cada acto técnico había repetido pautas mentales cuasi instintivas y que, dada su escasa capacidad cognitiva, estaba imposibilitado de elegir otras alternativas tecnológicas. Si bien la diversidad artefactual del musteriense no es muy amplia y sólo se observa en algunos tipos de artefactos, los sucesivos retoques producidos para reavivar los filos y reutilizar los artefactos demuestran la flexibilidad de su comportamiento cultural.

3.2 Asentamientos y enterratorios neanderthales

Aunque en los sitios neanderthal anteriores a los 60 Ka existen contextos arqueológicos muy bien preservados, sorprende la ausencia de estructuras habitacionales. Para esos momentos no se han registrado fogones claramente delimitados por piedras o evidencias de postes que pudieran haber servido para construir las viviendas. Pese a ello tanto en las cuevas como en los asentamientos al aire libre abundan los depósitos de ceniza y de carbón asociados a restos de fauna –algunos carbonizados– y de artefactos líticos. El estudio de la dispersión de las cenizas, artefactos y restos óseos ha permitido reconocer áreas de actividades domésticas donde se cumplieron actividades específicas tales como el descuartizamiento de las presas, la preparación de las pieles, el descarte de restos de comida y la talla de la piedra.

A partir de los 60 Ka se registran las primeras evidencias de estructuras de combustión. En Vilas Ruivas, Portugal, se hallaron dos fogones asociados con artefactos. Este tipo de estructuras conjuntamente con una precisa distribución espacial de áreas de actividad se han encontrado tanto en el interior de cuevas como en asentamientos al aire libre. En la entrada de la cueva de Bruniquel, sur de Francia, se detectó una compleja estructura construida con estalactitas y estalagmitas, asociada con huesos de oso quemados y datada en 47 Ka. En sitios al aire libre con niveles de ocupación múltiples como el de Molodova, junto al río Dniéster, Rusia, se destaca la presencia de varios de fogones. Estos estaban asociados con paravientos construidos con acumulaciones de huesos de mamut. Hasta el momento, estas estructuras son las más antiguas viviendas construidas por los Neanderthales. Otras evidencias se han registrado en diez asentamientos de Ucrania donde se encuentran estructuras realizadas con restos óseos de mamut y ramas. Unidos entre sí en la parte superior, ambos materiales habrían formado un armazón cupuliforme a modo de techo, probablemente cubierto con pieles.

Al analizar la dispersión espacial de los entierros sorprende su distribución geográfica. La mayor concentración de inhumaciones se encuentra en el oeste de Europa y en el Oriente Próximo y a su vez, de ambas regiones, el mayor número se ha registrado en el sudoeste de Francia. Hasta el momento, el único esqueleto europeo prácticamente completo corresponde a los restos del primer Neanderthal descubierto en 1856 en la cueva de Feldhofer, sobre el río Neander. En otros sitios los restos óseos neanderthales aparecen más fragmentados.

Aunque se han excavado diversos enterratorios en varias cuevas de las zonas montañosas de Europa, Oriente Próximo y Asia central, aun en la actualidad continúa el debate sobre los interrogantes que genera su interpretación. ¿Responden a pautas de comportamiento intencional? ¿Se realizaron fosas o el cuerpo sólo fue abandonado? ¿Existe ajuar fúnebre o la presencia de artefactos se vincula con actividades domésticas propias de un piso de ocupación? Hay una gran variabilidad en la forma en que se encuentran los cuerpos. Muchos están flexionados –con los brazos y las piernas doblados hacia el tórax– y algunos presentan la cabeza apoyada sobre el brazo. Es difícil determinar si tales posturas son la consecuencia de un arreglo intencional o si, simplemente, el individuo murió mientras dormía y luego fue cubierto por los sedimentos. Si bien en la cueva de La Ferrassie, Francia, se encontraron los cuerpos de un hombre y una mujer adultos colocados cabeza con cabeza, no hay indicios claros de que se hubieran excavado tumbas. Las mismas dudas se plantean los investigadores respecto de la cueva de Saint-Césaire, Francia. Por el contrario, es probable que en el sitio Chapelle-aux-Saints se haya excavado una fosa donde se depositó el cuerpo de un adulto.

La búsqueda de respuesta sobre las expresiones simbólicas también se apoya en la presencia de materiales asociados con los restos óseos. En el sitio francés de Le Moustier, excavado a principios del siglo XX, se han encontrado restos de animales y artefactos, pero se discute si su presencia no se vincula con el descarte de elementos propios de un área doméstica removida desde niveles inferiores. En la cueva de Teshik Tash, Turquestán, alrededor de los restos óseos de un niño fueron colocadas cornamentas de cabra montés siberiana con las puntas aparentemente clavadas en el suelo. Para algunos arqueólogos se trataría de los indicios de un ritual; para otros bien podría tratarse de una manera de proteger el cadáver de animales carroñeros. Otro caso es el de la cueva de Shanidar, Irak, donde se han encontrado restos bastante completos. Entre ellos se destaca un entierro donde abunda polen de tres especies diferentes en el sedimento donde fue depositado el cuerpo. Esto ha sido interpretado como el resultado de la colocación intencional de flores. No obstante, otros investigadores opinan que el polen se podría haber depositado naturalmente, llevado desde el exterior de la cueva por el viento. Sobre estos casos los interrogantes todavía continúan abiertos.

También se debate acerca de los factores que habrían incidido en el estado completo o fragmentario de los restos esqueletarios. Gamble (1986) indica que los esqueletos neanderthales completos se han encontrado en aquellas regiones donde los animales carnívoros como los osos no usaron las cuevas. Kebara, Amud, Tabún en Israel, Shanidar en Irán y Le Moustier en el sudoeste de Francia, presentan esas características. Por el contrario, en Ganovcé, ex Checoslovaquia, Krapina y Vindija (Croacia), los hallazgos muy fragmentarios se vinculan con restos de carnívoros. Tanto los osos cavernarios en invierno, al hacer sus pozos de hibernación, como los lobos y las hienas en primavera, al buscar guaridas para proteger las crías, debieron remover los sedimentos con restos esqueletarios neanderthales. Estas actividades de los carnívoros pudieron alterar las evidencias de simbolismo o ritual deliberado en los entierros.

Tras la búsqueda de respuestas a tantos interrogantes, los investigadores han establecido comparaciones con inhumaciones claramente intencionales realizadas por el *Homo sapiens* durante el Paleolítico Superior. Por ejemplo, mientras que para entonces, el ocre rojo –pigmento al que se le atribuye una importante función simbólica– se utilizó con mucha frecuencia en los enterratorios, ninguno de los restos neanderthales europeos se ha encontrado cubierto con esa sustancia. Por otra parte, la ausencia de inhumaciones al aire libre durante el Paleolítico Medio contrasta con su abundancia durante el Paleolítico Superior. Stringer y Gamble (1996) consideran que las inhumaciones de los cuerpos completos en sitios al aire libre indicarían una pauta cultural relacionada con lo que entendemos por sepultura. En contraste, las prácticas de los Neanderthales podrían haber consistido en el simple arrinconamiento y abandono de los cuerpos en el interior de las cuevas donde se habitaba.

La presencia de cortes en algunos cráneos encontrados en la cueva de Krapina, Croacia, y en Monte Circeo, Italia, iniciaron el debate sobre si dichas marcas podían considerarse evidencias de canibalismo o de prácticas rituales. Recientemente, en la cueva de Moula-Guercy ubicada en el sudoeste de Francia, Defleur halló seis individuos neanderthales –dos adultos, dos jóvenes y dos niños–, restos de ciervos y otros animales y de artefactos líticos datados en 100 y 120 Ka. En los restos humanos y de los animales observó evidencias de corte y golpes que indican actividades de desmembramiento, trozamiento y fractura para extraer la médula y el cerebro. El patrón de corte de los restos de los Neanderthales es semejante al que se ha observado en el registro arqueológico de otros grupos como los anazasi, quienes hace 900 años practicaban el canibalismo ritual en el sudoeste de Colorado, Estados Unidos. A pesar de la evidencia que ofrecen los restos de Moula-Guercy, no es posible asegurar si los cortes representan prácticas de canibalismo –esporádicas y vinculadas a ciclos críticos de hambrunas– o si eran rituales relacionados con entierros secundarios. Sí queda en claro que se trata de un comportamiento no generalizado ya que sólo se ha registrado en algunos pocos sitios.

A las argumentaciones que descartan la capacidad emotiva de los Neanderthales y la presencia de un pensamiento abstracto sobre la vida y la muerte, se contraponen otras evidencias. Los análisis de muchas patologías y traumatismos óseos revelan que los Neanderthales cuidaban a los heridos y/o incapacitados. En Chappelle-aux-Saints, las patologías óseas de un individuo que tenía alrededor de 40 años demuestran que padeció durante mucho tiempo de artritis y que debió de tener fuerte dolores producidos por su mandíbula fracturada además de vencer la dificultad para masticar generada por la pérdida de piezas dentarias. Otro ejemplo es el del individuo adulto encontrado en Shanidar I, que también padecía artritis, tenía su brazo derecho amputado y habría estado ciego del ojo izquierdo. Estos casos permiten concluir que, si en tales condiciones físicas lograron sobrevivir, es porque otros congéneres los cuidaron, les ofrecieron comida y los ayudaron a trasladarse de un lugar a otro. De otra manera, no habrían podido hacerlo bajo los rigores que presentaba la búsqueda de los recursos necesarios para la subsistencia.

4. La subsistencia neanderthal: ¿carroñeros o cazadores?

El análisis de los restos faunísticos y artefactuales de Koobi Fora, Melka Kounturé, Ollorgesaille, la Garganta de Olduvai y otros sitios en África oriental ha demostrado el comportamiento carroñero y el consumo de carne de los homínidos del Paleolítico Inferior.

En general se acepta que en los primeros momentos el consumo de carne no era abundante y que pasó a ser progresivamente más importante a medida que transcurría el proceso de evolución humana. Para Klein (1989), el cambio más significativo habría ocurrido en un momento de expansión de la población humana que parece coincidir con los eventos evolutivos ocurridos entre los 100 y los 30 Ka.

Durante décadas los sitios de Torralba y Ambrona en España –fechados entre 500 y 200 Ka– fueron utilizados como ejemplo de sitios de matanza y descuartizamiento del Paleolítico Inferior europeo. Sin embargo, los estudios tafonómicos han cuestionado la actividad humana representada en ambos. Los estudios que efectuó Villa (1990) en Aridos –otro sitio español contemporáneo de los anteriores– han demostrado que el registro es más fiable y que las marcas de corte de los restos óseos indican actividades carroñeras de tipo oportunista y otros comportamientos de mayor sociabilidad para procurar comida. La mayoría de los sitios conocidos durante el Pleistoceno temprano presentan estas características y no se reconocen indicadores sobre la obtención de carne basada en una cacería planificada. Por tal motivo se ha originado un amplio debate acerca de cuándo y de qué manera habría comenzado esta estrategia de subsistencia en la evolución humana.

Respecto de los Neanderthales, el debate acerca de si desarrollaron actividades cazadoras o si sólo carroñeaban animales abandonados por carnívoros se ha planteado en diferentes vías de indagación: 1) fueron carroñeros oportunistas, 2) fueron cazadores activos, o bien 3) combinaron ambas estrategias de subsistencia. Una revisión de los argumentos presentados para cada caso puede contribuir al conocimiento del estado de la cuestión. En particular, resulta de interés analizar cómo los Neanderthales se adaptaron a las diferentes condiciones ambientales y cuáles fueron las decisiones que tomaron para hacer frente a las variaciones tanto climáticas como de los recursos disponibles.

4.1 Carroñeros oportunistas

Binford destacó la incapacidad de los Neanderthales para cazar animales de gran tamaño. Después de analizar los restos faunísticos del sitio Combe-Grenal, en la Dordoña, observó que el número de animales de mayor tamaño –entre 600-900 kg– era superior a los de menor tamaño. Sin embargo, mientras que los restos óseos de los animales grandes estaban representados sólo por algunas piezas de bajo rinde en carne (tronco y cabeza), los animales más chicos estaban representados en casi todas las partes del esqueleto. Binford (1985) interpretó estas características del registro faunístico como evidencia de que sólo se habrían cazado animales de tamaño mediano a pequeño, como cabras, ciervos o renos. Por el contrario, consideró que las presas de mayor tamaño –mamuts, bisontes o rinocerontes lanudos– se habrían obtenido mediante el carroñeo. Si bien la carne de los animales pequeños habría proporcionado alimento escaso, su consumo habría permitido resolver problemas inmediatos de subsistencia.

Sobre la base de los datos del registro faunístico y los conjuntos artefactuales de algunos sitios franceses, Binford consideró que los Neanderthales habrían desarrollado actividades de subsistencia oportunistas y que carecían de comportamientos acordes con una cacería planificada. Por ello, la ausencia de instrumental eficaz –que podría indicar la existencia de previsión a largo plazo y de una compleja cooperación social– se señaló como la diferencia sustancial con las actividades de cacería realizadas durante el Paleolítico Superior. Chase (1989) criticó esta opinión por cuanto algunos cazadores recolectores modernos obtienen, procesan y almacenan de manera planificada y cooperativa un gran número de presas pequeñas, como conejos, pescado, etcétera. Por lo tanto, considera que el criterio del tamaño de los animales puede no estar en relación directa con la falta de planificación.

No obstante la crítica de Chase, Binford sostiene que no existen evidencias de previsión o de actividades planificadas para obtener animales pequeños. Si bien abundaban los salmones en los ríos del suroeste francés, los Neanderthales no los consumieron y tampoco habrían aprovechado las migraciones anuales de los renos. En el sitio de Kebara y en asentamientos de la Dordoña francesa, los registros faunísticos no indican que los Neanderthales se movilizaran estacionalmente siguiendo manadas migratorias de alguna especie en particular. Por el contrario, habrían permanecido bastante tiempo en una localidad, consumiendo todo tipo de animales medianos y pequeños.

4.2 Cazadores activos

Las interpretaciones sobre las actividades cazadoras de los Neanderthales se apoyan en dos líneas principales de indagación: 1) las especies animales más consumidas y su relación con la estacionalidad y los cambios climáticos a largo plazo y 2) la cantidad y el tamaño de las presas que obtenían.

Respecto del primer caso, al comparar los registros arqueológicos del Paleolítico Medio y Superior de la Dordoña francesa, Mellars (1992) sostiene que, a diferencia de los Neanderthales, los hombres modernos practicaban una cacería especializada en obtener un único tipo de animal. Sin embargo, este no ha sido un criterio general válido para diferenciar el comportamiento cazador de uno y otro período, ya que la especialización en la cacería –por ejemplo del reno– parece ser casi exclusiva de la Dordoña. En otros sitios del Paleolítico Superior europeo no se ha registrado la misma situación y tanto Chase (1989) como Stiner (2001) han observado que también predominan otras especies faunísticas.

En Abri Pataud y Roc de Combe, Francia, donde abundan los restos óseos de renos, los análisis polínicos indican la escasa presencia de gramíneas, propias de ambientes fríos. Sin duda, esto favoreció el desarrollo de las manadas de renos más que el de otros ungulados. Por ello se infiere que las estrategias de subsistencia se habrían adaptado a las variaciones en la disponibilidad de recursos en un ambiente con fluctuaciones climáticas y no a la cacería concentrada en una única especie. Otro hecho que invalida la utilización del criterio de la cacería especializada para diferenciar a los cazadores del Paleolítico Superior de los Neanderthales es que también se conocen sitios del Paleolítico Medio con conjuntos faunísticos donde predomina una sola especie.

Chase (1989) vinculó los cambios en el registro faunístico en los estratos de Combe-Grenal del sur de Francia con los momentos de la última fase interglaciar-glaciar. Allí observó la abundancia del ciervo común en los estratos más tempranos –depositados durante momentos cálidos– y el predominio de renos en los estratos posteriores –75 Ka en adelante–, depositados en fases ambientales más frías. Para Chase esta variación podría indicar la existencia de un sistema de cacería que se correlacionaría con fluctuaciones climáticas. Los cambios de clima a gran escala y las variaciones estacionales habrían afectado la disponibilidad y abundancia de las presas y, en consecuencia, el consumo predominante de una especie por sobre otra. Por estos motivos no encuentra razones suficientes para afirmar que los Neanderthales hayan sido cazadores especializados.

En cuanto al número y tamaño de las presas, el análisis de los conjuntos faunísticos de Kebara y Tabun, Oriente Próximo, proporciona información significativa. Si bien en los ambientes del Paleolítico Medio existían animales de gran tamaño (mamuts, bisontes y rinocerontes lanudos) se ha puesto en duda la eficacia de la tecnología musteriense para dar muerte a animales de tal porte. Los datos faunísticos indicarían que las actividades de cacería se habrían concentrado en animales pequeños y medianos.

La existencia de animales de gran tamaño, como los hipopótamos que se han encontrado en algunas cuevas del Oriente Próximo, se interpreta como el producto de actividades de carroñeo. Si bien no se descarta que en alguna ocasión haya existido la cacería de grandes presas, esta no habría constituido la estrategia básica de subsistencia. En la región abundaban las manadas de animales de menor tamaño cuya cacería presentaba menor riesgo y requería menor esfuerzo. En Combe-Grenal el registro faunístico proporciona un claro ejemplo de cacería de animales de tamaño mediano que viven en manadas, como renos, caballos y ciervos.

Sobre la base de los datos que proporciona el estudio del registro faunístico, el estado del debate de la cuestión de la actividad cazadora de los Neanderthales puede sintetizarse de la siguiente manera:

- la cantidad y variedad de especies faunísticas disponibles varió según las fases climáticas a largo plazo, la estacionalidad y las condiciones ambientales tanto locales como regionales;
- existió un interés generalizado por obtener determinadas especies animales, herbívoros y gregarios de tamaño mediano a pequeño;
- la cacería de animales grandes no habría sido la norma y podría haber ocurrido de manera muy ocasional, quizá no tanto por la falta de habilidad cazadora como por la falta de interés, ya que abundaban otras especies cuya obtención implicaba menos costos.

4.3 Combinación de estrategias cazadora y carroñera

En los últimos años muchos investigadores han abordado la subsistencia neanderthal analizando las relaciones entre los conjuntos líticos y faunísticos. En especial se han utilizado las siguientes variables de análisis: a) la edad de las presas y las partes del cuerpo representadas en muestras, b) las estrategias de subsistencia y tecnológicas implementadas y c) la disponibilidad de recursos, la movilidad y la planificación social.

Para el primer caso vemos que algunos sitios neanderthales pueden ser definidos como de matanza, porque allí mismo se habría producido la caza de las presas. En La Cotte, ubicado en las islas anglonormandas, se encontró una concentración de huesos de dos rinocerontes lanudos y siete mamuts preservados por debajo de un alero, en un promontorio rocoso. Esos restos faunísticos fueron interpretados como las señales de una cacería que se habría efectuado en el mismo lugar. Farizy y David (1992) analizaron la fauna encontrada en Mauren, en los Pequeños Pirineos franceses. En este sitio se destaca la presencia de un gran número de huesos correspondientes a bisontes (136) y, en menor proporción, a caballos y cérvidos. Aunque las marcas de corte observadas en los restos no son abundantes, los huesos muestran señales de desarticulación de las carcasas, remoción de la masa muscular y fracturas producidas para extraer la médula. La industria lítica asociada, si bien escasa, indica que los núcleos y los artefactos fueron confeccionados en el mismo lugar. La estructura etaria de la muestra faunística revela mayor presencia de hembras e individuos jóvenes.

Para Farizy y David los diferentes grupos de edad y la gran cantidad de presas consumidas en Mauren indicarían el uso de alguna técnica de cacería por conducción de los animales hasta el lugar donde se les habría dado muerte. En el sitio se habrían cumplido actividades de matanza y descuartizamiento, siendo altamente probable que se hayan trasladado algunas partes de las presas a otro lugar. Se encuentran abundantes huellas de corte en las articulaciones y resulta muy sugestivo que entre los huesos de bisontes no aparecieran los fémures y otros restos como las pelvis.

También Chase encontró evidencias de diferencias funcionales y relación complementaria entre los asentamientos ya sea de matanza-descuartizamiento como de descarne-consumo. En Combe-Grenal, en los estratos correspondientes al Würm I y comienzos del Würm II, habría indicios de actividad carroñera porque los restos óseos representados son los de menor contenido en carne. Por el contrario, para momentos del Würm II habría indicios de un mayor consumo de carne porque las partes óseas se corresponden con las porciones más cárnicas de las presas. En este lugar se habría efectuado el descarne y el consumo y estaría vinculado a un sitio de matanza cercano.

Los resultados obtenidos con el estudio del número de presas y de las partes transportadas y consumidas a escala intrasitio e inter-sitio realizado por Farizy y David (1992) han permitido a diversos investigadores coincidir en las siguientes argumentaciones:

- en los sitios del Paleolítico Medio se cumplieron diferentes ti-pos de actividades vinculadas al transporte, procesamiento y consumo de animales,
- la diferencia funcional intra e intersitios observada en los asen-tamientos –a lo largo del espacio y el tiempo– implica la exis-tencia de complementación entre sitios,
- los Neanderthales tenían estrategias de subsistencia combina-das con tácticas mixtas de carroñeo y cacería de relativa especia-lización.

En cuanto a las estrategias tecnológicas y de subsistencia se des-tacan los estudios llevados a cabo por Stiner y Kuhn (1992). Ellos analizaron y compararon el registro arqueológico de cuatro cuevas ubicadas en el centro oeste de la costa italiana, Grotta Guattari, Moscerini, St'Agostino y Breuil, cuyos estratos han sido datados entre 110 Ka y 35 Ka. Su principal objetivo fue analizar la varia-ción en la subsistencia y la tecnología neanderthal a través de las pautas de obtención de los animales, el transporte de las presas y las técnicas de manufactura y uso de los artefactos líticos. Los aná-lisis arrojaron los resultados que se detallan en el cuadro 6.1.

¿Cómo se explica el cambio en la técnica de reducción del nú-cleo a partir de los 55 Ka? ¿Qué relación tiene el cambio tecnológi-co con los cambios en el registro faunístico y con la subsistencia? Dado que no hay relaciones dependientes, directas u obvias entre subsistencia y tecnología, Stiner y Kuhn buscaron la respuesta en la historia de vida de los artefactos. Los resultados que obtuvieron son los siguientes:

ANTIGÜEDAD DE LOS ESTRATOS	*Estratos más antiguos:* 110 a 55 Ka	*Estratos más recientes:* 55 a 35 Ka
CONJUNTOS LÍTICOS	Se encontró industria lítica *musteriense* con técnica de talla *Levallois*. Los núcleos fueron desbastados principalmente con *técnica de reducción centrípeta*. Esta permitió maximizar el tamaño de los artefactos y de los bordes con filo. Dicha técnica resulta útil para fabricar artefactos líticos cuando sólo se dispone de guijarros pequeños como materia prima.	Predomina una industria lítica con la técnica de *reducción del núcleo por plataforma* que permite maximizar el número de lascas a obtener. Esta técnica puede vincularse con el uso de guijarros más grandes y alargados. Dicha técnica resulta ventajosa cuando hay escasez de materia prima en las cercanías.
CONJUNTOS FAUNÍSTICOS	El número de partes del cuerpo de los animales es bajo en relación con el número de presas. El número de animales adultos de mucha edad es elevado. Abundante la presencia de partes de animales con poca masa muscular –cabezas– que fueron transportadas hasta las cuevas.	Aumenta la proporción de partes del animal con mayor rinde económico. Es mayor el número de extremidades y menor el número de las cabezas. Aumenta la proporción de animales adultos de menor edad.

Cuadro 6.1. Algunos resultados obtenidos con el estudio de los conjuntos líticos y faunísticos de las cuevas Grotta, Guattari, Moscerini, St'Agostino y Breuil. El registro faunístico y artefactual indica la existencia de un proceso de cambio en la tecnología y la forma de subsistencia neanderthal. A las actividades carroñeras más tempranas se habrían ido incorporando, de manera más frecuente, las actividades cazadoras de ciervos u otras especies de tamaño mediano y el procesamiento intensivo de los restos óseos para la extracción de carne.

ANTIGÜEDAD DE LOS ESTRATOS	Estratos más antiguos: 110 a 55 Ka	Estratos más recientes: 55 a 35 Ka
FORMA DE SUBSISTENCIA	Los conjuntos faunísticos indican el carroñeo de algunos ungulados, especialmente los ciervos. El consumo de las partes menos cárnicas se habría efectuado a comienzos de la primavera, momento en que los ciervos tienen pocas reservas de grasa y los animales de mucha edad están más expuestos a la muerte por desnutrición. En esta estación, el consumo de sustancias grasas debió de haber sido crítico para los Neanderthales. Quizás esto explique la necesidad de consumir un tipo de fauna diferente, como moluscos, tortugas y aves.	La actividad cazadora puede apreciarse en que: a) los animales fueron trasladados a los sitios casi completos para su consumo y procesamiento, b) las marcas de corte indican un procesamiento intensivo de las presas, c) el número de presas de edad adulta se asemeja a la forma en que los grupos de edad aparecen en las manadas de ciervos vivientes.

Cuadro 6.1 (continuación). Algunos resultados obtenidos con el estudio de los conjuntos líticos y faunísticos de las cuevas Grotta, Guattari, Moscerini, St'Agostino y Breuil. El registro faunístico y artefactual indica la existencia de un proceso de cambio en la tecnología y la forma de subsistencia neanderthal. A las actividades carroñeras más tempranas se habrían ido incorporando, de manera más frecuente, las actividades cazadoras de ciervos u otras especies de tamaño mediano y el procesamiento intensivo de los restos óseos para la extracción de carne.

- Los artefactos de los estratos más antiguos presentan una elevada frecuencia de reutilización, lo que indicaría su transporte y reparación intensiva. Estas actividades técnicas se relacionan con la forma de subsistencia carroñera que requiere de un mayor rango de acción en el paisaje.
- En los estratos más tardíos, los artefactos se confeccionaron aplicando la técnica de plataforma para la extracción de lascas. Se observa un bajo porcentaje de reparación y reutilización de los artefactos, lo que indica una escasa frecuencia de traslado y movilidad. Dichas actividades técnicas se relacionan con la forma de subsistencia cazadora, que no implica un rango de acción tan elevado como la búsqueda carroñera.

Finalmente, considerando la diversidad ambiental, el rango de acción y la planificación, Stiner y Kuhn avanzaron aun más en el análisis del registro arqueológico de las cuatro cuevas del norte italiano y vincularon la tecnología y la subsistencia a las pautas de asentamiento. En términos generales indicaron que:

- Las actividades carroñeras de los Neanderthales requerían de un amplio rango de acción, ya que los recursos estaban dispersos y su obtención era bastante impredecible. Esta estrategia se apoyaba en una tecnología aplicada a la obtención de instrumentos líticos que se trasladaban, reparaban y utilizaban intensivamente pues la obtención de la materia prima y el momento en que iban a ser utilizados eran azarosos. Por estas razones, las ocupaciones más tempranas habrían sido cortas y esporádicas.
- El rango de acción para las actividades cazadoras era más restringido porque los recursos se encontraban concentrados en las cercanías de los asentamientos y, en consecuencia, su obtención era predecible. Puesto que en los lugares de obtención las presas se consumían menos y se procesaban más intensamente en otros sitios, se requería de un gran número de lascas con filos más largos y no era necesario trasladar ni reparar los artefactos

porque se podía prever dónde encontrar los recursos. Por estas razones, las ocupaciones más tardías habrían sido prolongadas.

Dado que no se produjo una variación climática marcada capaz de generar cambios drásticos en la fauna disponible, ni tampoco existió un desarrollo tecnológico que permitiera confeccionar armas eficaces para la cacería, ¿por qué a partir de los 55 Ka la subsistencia neanderthal presenta una tendencia hacia la cacería con cierta planificación y predictibilidad? Coincidiendo con las interpretaciones de Chase, Stiner y Kuhn proponen los siguientes argumentos:

- El aumento de la cacería, aunque no haya evidencia tecnológica directa, puede explicarse por el interjuego de: a) el sistema tecnológico en uso, b) el comportamiento estacional de los animales, c) las estrategias elaboradas para su obtención y d) la demografía de las poblaciones humanas.
- La ausencia de una tecnología eficaz habría sido atemperada por la existencia de una vida social más intensa. Como efecto de la mayor sociabilidad cabría esperar el incremento de actividades de cooperación social entre los cazadores y mejores resultados en la cacería.

5. Consideraciones finales

Las condiciones ambientales fueron cambiando durante el Paleolítico Medio y los Neanderthales tuvieron la capacidad de elaborar una variedad de respuestas para su supervivencia. Si bien en algunos casos el registro arqueológico no permite distinguir con certeza la actividad cazadora o carroñera efectuada, en otros sí hay evidencias de que en determinadas circunstancias podían carroñear y en otras cazar con cierta planificación. La subsistencia se apoyaba en una amplia gama de estrategias combinadas de cacería y carroñeo. Por estos motivos, en la actualidad podemos dejar de lado la imagen construida durante 1960 y 1970 de los Neanderthales como humanos que sólo obtenían sus recursos como carroñeros oportunistas. El registro arqueológico indica que buscaban asegurar su subsistencia mediante un amplio abanico de comportamientos culturales incluyendo el consumo de presas pequeñas como tortugas y mariscos (Stiner, 2001).

Además de la capacidad para elaborar diferentes estrategias de subsistencia, la ductilidad adaptativa de los Neanderthales se refleja en su expansión espacial. Esto implicó al menos tres adaptaciones diferentes: aquellas que permitieron aprovechar las condiciones para la subsistencia en regiones de elevada latitud y de climas fríos; las que favorecieron el asentamiento en zonas montañosas y de considerable altura por sobre el nivel del mar, y, finalmente, aquellas que se desarrollaron en algunas zonas tropicales y forestas lluviosas del norte africano.

Chase proporciona argumentos que contribuyen a comprender, en gran medida, el fascinante tema de la transición hacia el Paleolítico Superior y el origen del comportamiento del hombre moderno. Dado que no existen evidencias de que la cacería especializada haya sido una actividad exclusiva del hombre moderno, esta no puede ser considerada como la diferencia clave que marcaría la separación entre ambos períodos, tal como lo había planteado Binford (1985). La subsistencia a fines del Paleolítico Medio no difiere en mucho de la registrada a comienzos del siguiente período cultural, por ello es posible pensar en una transición marcada por tendencias graduales y no por cambios estocásticos.

Autores como Stringer y Gamble (1996) y Trinkaus (1993) consideran que, si bien existen evidencias de cacería neanderthales, esto no es una demostración suficiente de continuidad cultural y biológica con el *Homo sapiens*. La actividad cazadora neanderthal se habría desarrollado en los últimos momentos del Paleolítico Medio, pero sobre la base de una tecnología que no les permitió responder de manera eficaz al impacto poblacional y ambiental que se produjo en Europa con la presencia del hombre moderno. Los cambios en la subsistencia neanderthal, desde las tempranas actividades carroñeras hasta la cacería de los momentos más tardíos, indicarían la capacidad adaptativa que habrían tenido estos homínidos, pero esa capacidad no habría sido suficiente para competir con la nueva especie con la que interactuó. El *Homo sapiens* irrumpió en el mundo neanderthal europeo hacia el 50 Ka procedente de África y el Oriente Próximo, y tanto su tecnología como sus actividades cazadoras se habrían desarrollado de manera independiente. Más allá de la discusión de si hubo reemplazo o hibridación entre Neanderthales y *Homo sapiens* –como veremos en el capítulo 7–, ambas especies coexistieron en Europa por varias decenas de miles de años. Las últimas evidencias que tenemos de la existencia de los Neanderthales se encuentran en Portugal, sobre la costa atlántica y han sido fechadas en 28 Ka.

Bibliografía

Binford, L. 1985. Human ancestors: changing views of their behavior, *Journal of Anthropological Archaeology*, núm. 4, pp. 292-327.

Chase, P. 1989. How different was Middle Paleolithic subsistence? A zooarchaeological perspective on the Middle to Upper Paleolithic transition, en P. Mellars y Stringer, C. (comps.), *The Human Revolution. Behavioural and Biological Perspectives on the Origins of Modern Humans*. Edimburgo, Edinburgh University Press, pp. 321-337.

Chase, P. y Dibble, H. 1987. Middle Paleolithic symbolism: a review of current evidence and interpretations, *Journal of Anthropological Archaeology*, núm. 6, pp. 263-296.

Farizy, C. y David, F. 1992. Subsistence and behavioral patterns of some middle Paleolithic local groups, en H. Dibble y P. Mellars (comps.), *The Middle Paleolithic Adaptation, Behavior and Variability*, Filadelfia, University Museum of Pennysilvania Press, pp. 87-96.

Gamble, C. 1986. *El poblamiento paleolítico de Europa*. Barcelona, Crítica.

Klein, R. 1989. *Human Career: Human Biological and Cultural Origins*. Chicago, The University of Chicago Press.

Mellars, P. 1992. Technological change in the Mousterian of Southwest France, en Dibble, H. y Mellars, P. (comps.), *The Middle Paleolithic Adaptation, Behavior and Variability.* Filadelfia, University Museum of Pennysilvania Press, pp. 29-44.

Rolland, N. y Dibble, H. 1990. A new synthesis of Middle Paleolithic variability, *American Antiquity,* núm. 55, pp. 480-490.

Stiner, M. 2001. Thirty years on the «Broad Spectrum Revolution» and paleolithic demography, *Proceedings of the National Academy of Science,* núm. 98, pp. 6993-6996.

Stiner, M. y Kuhn, S. 1992. Subsistence tecnology and adaptative variation in Middle Paleolithic Italy, *American Anthropologist,* núm. 94, pp. 306-339.

Stringer, C. 2002. New perspectives on the Neanderthals, *Evolutionary Anthropology,* núm. 11, Supl. 1, pp. 58-59.

Stringer, C. y Gamble, C. 1996. *En busca de los Neanderthales.* Barcelona, Crítica.

Trinkaus, E. 1993. *The Neanderthales. Changing the Image of Mankind.* Nueva York, Knopf.

Villa, P. 1990. Torralba and Aridos: Elephant exploitation in Middle Pleistocene Spain, *Journal of Human Evolution,* núm. 19, pp. 299-309.

7
Modelar el origen de los humanos modernos

José Luis Lanata

El debate acerca del origen de nuestra especie no es un tema nuevo, ni dentro de la arqueología ni de la antropología, así como tampoco en otras ciencias. No por ello deja de estar vigente, ya sea por el modo como los hallazgos realizados durante las últimas décadas han cambiado la perspectiva general de nuestra evolución, o por el desarrollo y la incorporación de nuevas técnicas y metodologías en su investigación. Es muy frecuente pensar que este tema es patrimonio casi exclusivo de la paleoantropología, y en especial de especialistas que trabajen en África. Nuestro origen y proceso de cambio hasta llegar a la diversidad –social, cultural, genética, espacial– actual es un tema antropológico por excelencia. En este sentido, excede las fronteras de un continente para ser relevante a escala global. En esta escala es posible contribuir a su estudio desde diferentes lugares de nuestro planeta y desde distintas ciencias. Para entendernos, parafraseando a Foley, como «otra única especie»: ¿Qué es lo que nos diferencia como especie? ¿Desde cuándo y bajo qué circunstancias podemos comenzar a considerarnos humanos? ¿Por qué se inicia este proceso en África? ¿Cuál es la naturaleza de la adaptación biológica y cultural humana? ¿En qué medida nuestra evolución es diferente de la de otras especies, y entre nosotros a lo largo del tiempo y del espacio? ¿Cuáles fueron las condiciones, causas y contingencias que hicieron posibles nuestros mayores cambios? ¿Por qué se dan determinadas convergencias en nuestra evolución, por ejemplo la agricultura, el Estado, los imperios?

Nuestra disciplina ha enfrentado estos interrogantes mediante la formulación de modelos. Presentaremos una breve descripción de los principales modelos antropológicos que se han propuesto a lo largo del siglo XX para explicar las posibles relaciones con otras especie de homínidos.

1. De Darwin a la primera mitad del siglo xx

Sin duda la obra de Charles Darwin, tanto *El origen de las especies* como *La descendencia del hombre*, inició el arduo camino de los estudios científicos que cambiaron la percepción de la diversidad humana. Respecto de lo que aquí nos ocupa, el mérito principal de Darwin fue colocar en un nuevo contexto de discusión la proximidad o distancia entre los homínidos fósiles, los primates no humanos y los humanos actuales. La primera mitad del siglo XX mostró en la Academia un gran impulso en aplicar la perspectiva de la Teoría de la Evolución como marco científico exploratorio del origen del hombre. Bajo este nuevo paradigma general se dan los primeros modelos explicativos del surgimiento del *Homo sapiens*. Dentro de los diferentes esquemas que se presentaron a partir de ese momento, podemos diferenciar dos tendencias generales. Una es la que destaca las discontinuidades temporales y espaciales entre los homínidos, en tanto que la otra se caracteriza por enfatizar los linajes directos, con continuidad, y la estabilidad regional. Estas dos perspectivas marcan a las investigaciones durante todo el siglo.

Los primeros modelos interpretativos, como fueron los de Manouvrier, Haeckel, Cunningham y Schwalbe, se caracterizan por tener una perspectiva evolutiva unilineal progresiva (i.e. *Pithecanthropus* → Neanderthales → hombre moderno). Se basaron sobre todo en la concepción antropológica spenceriana de la evolución imperante en esos momentos. Esta postulaba que los organismos cambian progresivamente de lo simple a lo complejo, y en un *tempo* lento. En general, los modelos no fueron elaborados tomando en cuenta la naturaleza de posibles relaciones filogenéticas, sino que su finalidad fue incluirlas dentro del espectro general de la familia humana. Uno de los puntos centrales en la discusión entre los diferentes científicos de la época, como Virchow y Turner, fue la inclusión o no de los Neanderthales como una especie homínida. Finalmente esta fue aceptada, mientras siguieron dominando en los esquemas las ideas de continuidad y progreso.

Más tarde, y dentro de la Academia Europea, comenzó a cuestionarse la posibilidad de que el *Homo sapiens* descendiera directamente de los Neanderthales. Los principales investigadores que sostuvieron esta postura fueron Boule, Keith, Breuil y Elliot Smith. Ellos defienden esquemas en los que la interpretación del cambio de las especies de homínidos es concebida como un árbol en el que los diferentes tipos fósiles ocupaban cada rama. Aquí, los Neanderthales son un linaje extinto de la humanidad. Esta corriente de pensamiento se centra principalmente en la idea de paralelismo evolutivo entre las especies y concibe la evolución humana como un árbol, donde cada rama representa una especie particular. A diferencia de los esquemas evolutivos unilineales progresistas mencionados, aquí la idea de continuidad no se considera como parte fundamental del modelo. En cambio, se ve que algunas especies coexistieron y tuvieron procesos de evolución paralela.

Hrdlička, en Estados Unidos, y Weidenreich, en Alemania, se oponen a esta perspectiva. Hrdlička analizó los restos de Neanderthales europeos y africanos. Tras ello propuso en 1930 un modelo unilineal en el que había una fase de Neanderthal en la evolución de los humanos. Por su parte, Weidenreich estudió los restos de *Sinanthropus* y, tras compararlos con los de *Pithecanthropus*, propuso en 1943 lo que es el primer modelo multirregional. Este es semejante al de Hrdlička, pero no sólo incluye a los Neanderthales como una rama lateral haciendo descender a los europeos actuales específicamente de la región del Levante, sino que explícitamente sostiene que las poblaciones asiáticas descienden de los *Sinanthropus* y las poblaciones australianas de los *Pithecanthropus*. El modelo multirregional de Weidenreich será empleado por Wolpoff y colaboradores como base de los modelos evolutivos anagenéticos a partir de 1980.

Una de las consecuencias de estos enfoques fue que destacaron y exacerbaron las diferencias regionales y/o geográficas entre las poblaciones humanas actuales. La mayor crítica que le podemos hacer –hoy– es su falta de énfasis en los diferentes mecanismos evolutivos involucrados en los distintos procesos que se discutían. Esto es más incomprensible aún por el hecho de que casi en el mismo momento se desarrollaba la Síntesis Moderna de la mano de Dobzhansky, Mayr y Simpson, que significó el resurgimiento de las ideas de Darwin unido al boom de los estudios genéticos.

Durante la primera mitad del siglo XX, estas posturas repercutieron en las interpretaciones relacionadas con la diversidad humana, especialmente en aspectos tales como cuáles fueron sus herencias evolutivas diferenciales. Esto llevó a pensar en la posibilidad de encontrar en el registro fósil la demostración de la existencia de tipos regionales puros (o razas). Lamentablemente, esto sirvió como argumento para los movimientos eugenésicos y racistas de Europa y Estados Unidos. Los últimos adoptaron estas posturas como «banderas pseudocientíficas» de la investigación antropológica, lo que tuvo un profundo efecto en el desarrollo futuro de la disciplina. Tras la Segunda Guerra Mundial, la investigación antropológica debió demostrar al mundo académico que no tenía ninguna tendencia eugenésica y racista. No obstante, la discusión sigue en la actualidad dentro de algunos reducidos sectores del ámbito académico, en especial en los antropológicos más conservadores.

2. De la posguerra al final del siglo

Entre 1950 y 1980, los antropólogos comienzan a enfatizar más las similitudes genéticas entre los grupos humanos, la plasticidad del fenotipo humano y su relación con los factores medioambientales y la adaptación local.[1] Esto, que se da tanto en bioantropología como en arqueología, hizo olvidar –y sacó de la discusión científica– diferentes temas de estudio que se relacionaban con las posturas previas a la guerra (i.e. la migración como fuente de variación). Es interesante observar que mientras la investigación de los homínidos tempranos recibió un gran empuje durante este período –por ejemplo el de los australopitecinos– no hubo un avance semejante en el estudio de la evolución de los humanos modernos y su diversidad.

El tema del origen del hombre moderno renace en la década de 1980, pero aún dentro de un paradigma dominante que enfatiza el carácter evolutivo local de poblaciones humanas y su variación como un producto de la adaptación al ambiente, como dijimos antes. La historia, los distintos procesos evolutivos de las poblaciones no tienen cabida como tema central dentro de estos estudios. Tal perspectiva vio la adaptación a los cambios ambientales como el mecanismo evolutivo más importante generador de variabilidad, dejando de lado, o rechazando, otros mecanismos –i.e. procesos no darwinianos– como una fuente de diversidad.

Entre 1984 y 1989, Wolpoff y colaboradores retoman el modelo multirregional de Weidenreich y agregan un elemento faltante: el mecanismo teórico para el mantenimiento de los paralelismos mundiales que permitiera sustentar la evolución regional. Wolpoff reelabora el modelo de Weidenreich en uno más coherente de evolución clinal en el que el flujo génico homogeneiza las poblaciones

---

[1] Esto se relaciona con el surgimiento de las nuevas corrientes teóricas a partir de 1960 (véase Parte I), que tienen su raíz en Leslie White, entre otros.

humanas, haciendo así graduales los cambios y más semejantes sus patrones resultantes. Este modelo, conocido como multirregional —o de continuidad regional— propone que hace aproximadamente 1 Ma, el *Homo erectus* se dispersó desde África hacia Asia y Europa y que, evolucionando progresiva, regional y continuamente, dio origen al *Homo sapiens*. De esta manera, el flujo génico llevó a todas las poblaciones en las diferentes regiones y casi sincrónicamente hacia los humanos modernos.[2]

En 1987, R. Cann y su equipo publican su análisis filogenético de ADN mitocondrial humano —mtDNA— en el que exploran a través de la genética molecular el origen de los humanos modernos. Lo destacable de esta investigación es que su acercamiento es independiente de los restos fósiles, empleando para ello muestras genéticas de las poblaciones actuales. Los estudios se basan en el análisis de la variación interna de secuencias de mtDNA en humanos modernos. Los presupuestos para determinar la coalescencia —punto de unión del mtDNA humano moderno— fueron:

a) el mtDNA se conserva de generación en generación sin ningún tipo de recombinación,

b) pasa de madre a hija sin herencia paterna y

c) las mutaciones en el mtDNA aumentan rápidamente en una proporción relativamente estable a lo largo del tiempo, efecto conocido como «reloj molecular».

El resultado de la investigación de Cann fue que todas las poblaciones modernas descienden de una pequeña población que vi-

---

[2] Nuevas evidencias de fósiles de *Homo erectus* en Java, sur de China, y tal vez de *Homo habilis* —Dmanisi— en Georgia, sugieren que la dispersión homínida ocurrió aproximadamente 1,8 Ma. Los conjuntos artefactuales más antiguos y conocidos recientemente (Zhu et al., 2001) provienen de Xiaochangliang, en la cuenca del Nihewan, en el norte de China.

vió en África.[3] Esto se basó en que: a) dentro del linaje mtDNA humano, las poblaciones africanas actuales eran significativamente más diversas que aquellas ubicadas hoy en otras regiones del globo y b) que todos los linajes del mtDNA humanos se unieron en algún momento entre 200 y 150 Ka. Esto es lo que se conoce como *Teoría de la Eva Africana* o *de la Eva Mitocondrial.*

Hoy en día sabemos de algunos problemas referidos a estos presupuestos. En primer lugar, *es posible* que el mtDNA se recombine tal como sugieren Awadalla y colaboradores, por lo que cualquier fecha de coalescencia puede ser no totalmente correcta, sino que debe considerarse como marco de referencia. Segundo, el mtDNA *no siempre* parece heredarse sólo de la madre. Si bien hay evidencia de que el mtDNA heredado vía paterna se destruye luego de la fertilización, estudios recientes de Gyllensten y su equipo señalan que de cada 10.000 mitocondrias maternas que pasan, una mitocondria paterna es heredada y sobrevive. Esto haría que cualquier fecha de coalescencia debería tener en cuenta el efecto geométrico que esta cantidad pequeña de mitocondrias paternas podría tener a través de múltiples generaciones. Es por esto que actualmente comenzó a estudiarse el mtDNA paterno (Bertranpetit, 2000), conocido coloquialmente como Cromosoma Y.

En 1992 surgen dos variantes del modelo multirregional o de continuidad regional. Una de ellas es la de Bräuer y sugiere que las poblaciones africanas migrantes desempeñaron un papel mucho más importante en el origen de los humanos modernos fuera de África, particularmente en Eurasia occidental. Esta variante, conocida como *El sapiens afro-europeo* o modelo de *hibridación* postula que esa mayor contribución se produjo a través de procesos de hibridación con poblaciones africanas en Europa y Asia occidental.

---

[3] Estudios posteriores estimaron que el rango del tamaño posible de esta población tendría que haber sido entre un mínimo de 5000 a un máximo de 10.000 individuos (Lahr y Foley, 1998).

La otra variante es presentada por F. Smith y se la conoce como *modelo de asimilación africano*. F. Smith propone que hubo una menor contribución genética de las poblaciones africanas en Europa y el oeste de Asia, por la asimilación de un número menor de genes pertenecientes a los inmigrantes africanos.

Bajo la denominación general de *reemplazo* –aunque también conocida como *Out of Africa*– se agrupan una serie de modelos postulados desde fines de la década de 1970, siendo el primero el de Protsch von Zieten en 1975. Estos son *El Arca del Noé*, por Howells, de 1976; *Fuera de África* de Giles y Ambrose, de 1986; *Eva Africana* (*Teoría de Eva* o *de la Eva Mitocondrial* u *Original*), ya

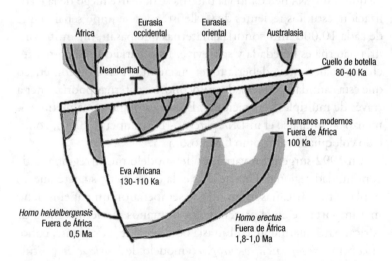

Figura 7.1. *Modelo del Jardín del Edén* (modificado de Harpending et al., 1993). Humanos anatómicamente modernos evolucionan a partir de una población pequeña durante el final del Pleistoceno Medio. Luego se dispersan del área de origen, subdividiéndose en poblaciones más pequeñas y reemplazan a las poblaciones arcaicas durante la primera parte del Pleistoceno Tardío. Cada población atravesó un cuello de botella después de la subdivisión y/o dispersión. Posteriormente, aumentan en densidad y número tras las innovaciones tecnológicas de finales del Paleolítico medio e inicio del superior.

mencionado de Cann y colaboradores; el de *Reemplazo,* por Stringer y Andrews de 1988 y *Jardín del Edén,* por Harpending y colaboradores, de 1993 (fig. 7.1). Fundamentalmente, estos modelos sugieren que poblaciones anatómicamente modernas se originaron en algún momento hace 140-200 Ka en África y se dispersaron fuera de este continente alrededor de unos 100 Ka, reemplazando por completo a las poblaciones existentes. El momento de la dispersión es importante ya que sugiere que los humanos modernos

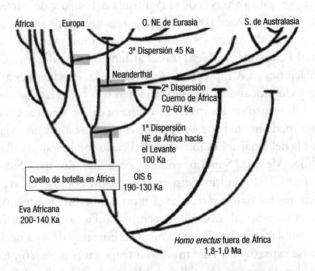

Figura 7.2. *Modelo de Dispersiones Múltiples* (sobre la base de Lahr y Foley, 1994 y 1998). Poblaciones humanas modernas experimentaron diferentes cuellos de botella demográficos dentro de África durante la penúltima glaciación –OIS 6 190-130 Ka–, y comenzaron a dispersarse por los puentes terrestres, estrechos y costas. La primera dispersión, por el sudoeste asiático, ocurrió alrededor de 100 Ka y no produjo reemplazo permanente de Neanderthales. La segunda dispersión, a Australasia tropical, tiene lugar durante la primera mitad del último glaciar, y la tercera dispersión, por el Sinaí al Levante, alrededor de 45 Ka produjo el reemplazo permanente de homínidos arcaicos fuera de África.

dejaron África durante un período mucho más húmedo y cálido, durante el último interglaciar –OIS 5– que se extendería entre 130 y 74 Ka.

En los últimos años del siglo XX se han formulado una serie de variaciones de los modelos de reemplazo. En 1994 y 1998, Lahr y Foley proponen el modelo de *Dispersiones Múltiples* (fig. 7.2). Estos autores sostienen que: a) una de las características de nuestra especie es la dispersión global y b) la diversidad de humanos modernos es, en parte, producto de las diferentes dispersiones. La primera dispersión de poblaciones de humanos modernos fuera de África se realiza a través de la Península del Sinaí y del estrecho de Bab el Mandeb hace 100 Ka. La segunda dispersión ocurre a través del Cuerno de África –Somalia, Etiopía, Yibuti y Eritrea– hacia la actual Península Arábiga, tras el aislamiento y diferenciación de poblaciones en África con posterioridad a las condiciones ambientales y climáticas del OIS 6 –mucho más frío y seco–, y aprovechando el descenso de los mares. La tercera dispersión tendría lugar aproximadamente hace 45 Ka, por el nordeste africano –vía la Península del Sinaí al Levante– coincidiendo con la transición del Paleolítico Medio al Superior en Asia occidental, Europa y Siberia del sur (fig. 7.3). Esta última dispersión, que fue llevada a cabo por poblaciones humanas africanas con un conocimiento tecnológico muy semejante al moderno, reemplazará a los Neanderthales y otras poblaciones humanas arcaicas en Europa y de Asia occidental (véanse caps. 6 y 8). Este modelo integra datos genéticos, fósiles y la evidencia arqueológica disponible dentro de una perspectiva paleobiogeográfica y paleoclimatológica.

También en 1998, Ambrose propone un modelo basado en los efectos de los cuellos de botella *(bottlenecks)* en las poblaciones –tema que ya había sido enunciado por otros modelos– para analizar el importante crecimiento demográfico que se produce alrededor del 50 Ka y que es mencionado en el modelo del *Jardín del Edén* de Harpending y colaboradores. Estos últimos autores habían conjeturado que, si bien el crecimiento de las poblaciones empezó tempranamente en África y después en Eurasia, el aumento poblacional del 50 Ka fue consecuencia del desarrollo y la expansión de las tecnologías del tipo Paleolítico Superior que se dieron en África ecuatorial. Basándose en la evidencia climática y geológica, Ambrose propone una alternativa para entender los cuellos de botella que sufrieron las poblaciones humanas pleistocénicas, proceso que él considera importante como generador de la diversidad humana (fig. 7.4). Los cuellos de botella son disminuciones importantes en el tamaño de

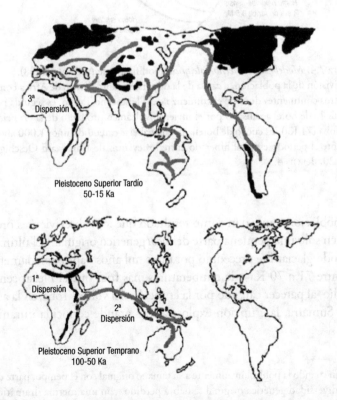

Figura 7.3. Dispersiones propuestas por Lahr y Foley (1994).
Las zonas en negro indican regiones cubiertas por hielo durante la glaciación.

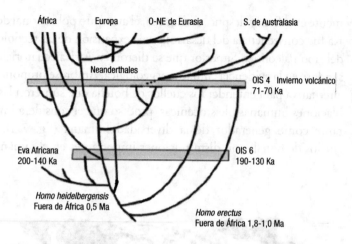

Figura 7.4. *Modelo del Invierno Volcánico* (modificado de Ambrose, 1998).
La división de la población, a causa de la dispersión tanto dentro de África como en otros continentes durante el comienzo del Pleistoceno Tardío, es seguida por un cuello de botella causado por el invierno volcánico producto de la erupción del Toba (71 Ka). El cuello de botella puede haberse extendido unos 1.000 años, durante el período estadial hiperfrío entre los eventos de Dansgaard-Oeschlger 19 y 20, del OIS 4.

las poblaciones que dan como resultado que los sobrevivientes presenten sólo una pequeña parte del *pool* genético original.[4] El último período glaciar fue precedido por unos mil años –aproximadamente entre 71 a 70 Ka– de temperaturas más frías que el Pleistoceno Tardío, al parecer causado por la erupción del volcán Toba, en la actual Sumatra, la erupción explosiva más grande conocida durante

---

[4] Aun cuando la población aumente a su tamaño original con el tiempo, parte de la diversidad genética original se habrá perdido, con una merma dramática de la variabilidad. Un cuello de botella, por otra parte, puede hacer también que estén excesivamente representados ciertos rasgos dentro de una población.

Cuaternario. Esta trajo como consecuencia lo que se conoce como *invierno volcánico*, y uno de sus efectos colaterales parece haber sido el de diezmar en gran medida a las poblaciones humanas modernas, sobre todo aquellas que se encontraban fuera de zonas tropicales relativamente aisladas. El sobreponerse a este cuello de botella demográfico podría haber ocurrido al final del mencionado episodio hiperfrío, o bien 10.000 años después de la transición entre OIS 4 y OIS 3 –*circa* 60 Ka–, transición que fue más calurosa. Las poblaciones que sobrevivieron a este cuello de botella habrían estado en un refugio tropical más grande, por ejemplo en el África ecuatorial. La mayor diversidad genética en los africanos modernos –ya determinada por Cann y colaboradores– puede reflejar un cuello de botella no tan severo –por condiciones generales menos adversas en el África ecuatorial– en lugar de un crecimiento demográfico más temprano, como postulan Harpending y colaboradores. El invierno volcánico pudo haber producido un efecto fundador en las poblaciones sobrevivientes. Esto ocurre cuando una población se origina a partir de pocos individuos que se separan por alguna razón de una población mayor. De esta manera se pueden producir la aparición de ciertas diferencias en relación con la población original y adaptaciones locales que permiten una diferenciación rápida de la población. Finalmente, Ambrose propone que, si el invierno volcánico causó los cuellos de botella, entonces las razas humanas modernas pueden haberse diferenciado abruptamente hace 70 Ka. Un mayor número de individuos sobrevivieron en África, ya que allí los refugios tropicales eran más grandes, produciendo así la mayor la diversidad genética que se observa en ese continente, en los estudios de mtDNA.

3. El panorama actual

Recientemente, Aiello (1993) y Stringer (2001) han presentado los principales puntos de convergencia entre los diferentes modelos mencionados anteriormente y que son los dominantes en la actualidad. Siguiendo a estos autores, podemos sintetizarlos de acuerdo con cuatro modelos principales más generales, a saber:

(A) *Modelos de Reemplazo.* Los primeros humanos modernos tuvieron su origen en África alrededor de 100 Ka atrás y se dispersaron desde allí al resto del mundo. Como consecuencia de ello, las poblaciones premodernas nativas fueron reemplazadas en distintas áreas del mundo por las poblaciones que salieron de África, con muy poca de mezcla entre los grupos, si es que la hubo (fig. 7.5A).

(B) *Modelos de Hibridación y Reemplazo.* Si bien son similares a los anteriores, estos tienen en cuenta un mayor o menor grado de hibridación entre las poblaciones que salieron de África y aquellas premodernas nativas que se encontraban en las regiones antes de su arribo (fig. 7.5B).

(C) *Modelos de Asimilación.* Estos modelos aceptan un origen africano de los humanos modernos pero, a diferencia de los anteriores, niegan la posibilidad de existencia de eventos de reemplazo, así como también que la dispersión de poblaciones fuera de África desempeñara un papel significativo en la aparición de los humanos modernos. Por el contrario, estos modelos tienen un punto central en la importancia del flujo génico, en cómo este se combinó y cuáles fueron las presiones selectivas cambiantes que actuaron sobre las diferentes poblaciones humanas, lo que derivaría en una direccionalidad en los cambios morfológicos de estas poblaciones (fig. 7.5C).

(D) *Modelos Multirregionales.* A diferencia de los anteriores, no comparten el origen reciente de los humanos modernos en África. Se caracteriza por acentuar el papel que habría tenido la continuidad genética a lo largo del tiempo y el papel que tuvo el flujo génico entre las poblaciones que coexistieron. Por

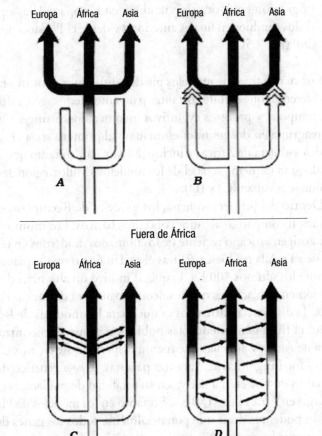

Figura 7.5. Representación de los esquemas y modelos de origen de los humanos modernos, sobre la base de Aiello, 1993 y Stringer, 2001.
Fuera de África: A = Reemplazo, B = Hibridación;
Multirregional: C = Asimilación y D = Evolución Multirregional.

lo tanto, para este modelo los humanos modernos no sólo se originaron en África sino también en Europa y Asia, a partir de los cambios en linajes anteriores y desde el Pleistoceno Medio[5] (fig. 7.5D).

Los cuatro tipos de modelos pueden distinguirse por tres factores diferentes que son importantes para entenderlos: geografía, escala temporal y procesos evolutivos involucrados. Stringer (2001) los reagrupa en dos grandes esquemas. El primero sería el de los modelos «Fuera de África» e incluye a (A) y (B), en tanto que el segundo gran esquema sería el de los modelos «Multirregionales» en los que se agrupan (C) y (D).

Dentro del primer esquema, los modelos de Reemplazo e Hibridación comparten algunos conceptos básicos. Los mismos son: 1) un origen africano reciente de los humanos modernos en términos de su escala geológica, 2) tras él se dan una o más expansiones durante los últimos 100 Ka, lo que 3) motivó un alto nivel de sustitución en poblaciones que se encontraban fuera de África. Por su parte, la diferencia entre ellos es que, para los modelos de Reemplazo, el flujo génico entre las poblaciones que se encontraban fuera de África y aquellas que fueron dispersándose en esos continentes fue insignificante. En otras palabras, el *pool* genético de los humanos de hoy en día deriva en su totalidad de poblaciones que vivieron en África hace 150 Ka. En tanto en los modelos de Hibridación podemos decir que potencialmente todos los genes de las poblaciones humanas actuales tienen ese origen. Vemos que la diferencia es sutil, aun cuando representa situaciones de dinámica poblacional diferentes.

Por su parte, los modelos incluidos en el segundo esquema sostienen que el reemplazo de las poblaciones localizadas fuera de

[5] Este es también conocido como Modelo de Continuidad Regional (Ambrose, 1998).

África no existió, o fue mínimo. En ellos desempeñan un papel muy importante la continuidad genética de las poblaciones en diferentes espacio-tiempos, así como también la relación que tuvieron entre ellas. Aquí, la dinámica del flujo génico entre las diferentes poblaciones que coexistieron es, en gran medida, lo que daría como resultado la diversidad de nuestra especie hoy en día. La diferencia central entre los modelos de Asimilación y de Evolución Multirregional radica en que los primeros reconocen un origen africano de nuestra especie, no así los segundos. En este sentido, en los modelos de Asimilación es importante el grado inferido de entradas génicas que pudieron tener lugar fuera de África. Sin embargo, son numerosos los diferentes procesos que pueden resultar de ello, siendo muy difícil detectarlos arqueológicamente.

Para los modelos Multirregionales la continuidad en el espacio, la base de su fundamentación, estaría demostrada por el registro osteológico humano de distintas regiones del Viejo Mundo a lo largo del último millón de años. En ellos, África no desempeña ningún papel especial o particular, ya que tampoco tendría influencia alguna durante el proceso del origen de los humanos modernos. Las versiones más recientes y renovadas de estos modelos elaboradas por Relethford, Jorde y Wolpoff sostienen que es posible que África haya desempeñado algún papel a lo largo del Pleistoceno. Esto obedecería sobre todo a haber tenido mayor densidad poblacional que otras regiones, donde parecen registrarse eventos de cuellos de botella y extinciones.

Sintetizando, podemos decir que la esencia del esquema Fuera de África es que los genes de las poblaciones humanas actuales derivan de poblaciones que vivieron sólo en África hace 150 Ka. Por su parte, en el caso del esquema Multirregional, los genes de las poblaciones humanas actuales derivan de poblaciones que vivieron en diferentes continentes hace 150 Ka.

4. Un nuevo milenio en el estudio de nuestra evolución

Las investigaciones actuales muestran nuevas líneas y modificaciones de los modelos antes mencionados. Sin embargo, la discusión continúa. Por ejemplo, Sally McBrearty y Alison S. Brooks (2000) han propuesto que durante el Pleistoceno Medio y el inicio del Pleistoceno Tardío hay numerosas especies de homínidos en África que pueden haber sido antecesoras del *Homo sapiens*. Sostienen que el surgimiento de la tecnología de la *Middle Stone Age* y de las primeras señales de conductas modernas coinciden con la aparición de restos fósiles atribuidos a *Homo helmei*. Esto les hace pensar que, al ser las conductas del *Homo helmei* distintas de las de otras especies de *Homo* anteriores, y bastante similares a las de los humanos modernos, el origen de nuestra especie –anatómica y conductualmente– estaría conectado y relacionado con el *Homo helmei*.[6] De ser así, su profundidad temporal debería llevarse a los 250-300 Ka, cuando esas morfologías de tecnologías líticas comienzan a aparecer en África ecuatorial.

Relethford (2001) presenta un análisis basado en los recientes estudios de mtDNA en los restos fósiles de Neanderthales de la Cueva de Feldhofer y de los especímenes de las Cuevas de Mezmaiskaya y Vindica. En principio, los resultados parecen apoyar que los Neanderthales fueron una especie separada (*Homo neanderthalensis* y no *Homo sapiens neanderthalensis*) del *Homo sapiens*. Pero si los Neanderthales se extinguieron aproximadamente hace 28 Ka, el autor se pregunta qué posibilidades de hibridación tuvieron con el *Homo sapiens*. Tras analizar distintas secuencias de mtDNA modernas presentadas por otros autores, Relethford sostiene que aún no está clara la separación o no de los Neanderthales del linaje huma-

---

[6] Si bien no mencionamos este tema antes, gran parte del consenso actual postula que el *Homo heidelbergensis* sería nuestro ancestro más directo, al menos por el momento (véanse figs. 7.1 y 7.3).

no moderno. El autor nos alerta acerca de que, si hablamos de *Homo neanderthalensis* como una especie separada, los estudios de mtDNA evidenciarían el momento en que los humanos modernos nos separamos de ellos, en otras palabras, la base de los modelos de reemplazo. Si, en cambio, el *Homo sapiens neanderthalensis* es una subespecie del género *Homo*, entonces los estudios de mtDNA mostrarán el momento de la divergencia y tendrán un significado distinto, aportando datos sobre el tamaño posible de la población y del flujo génico y acercándose a las nuevas variantes de los modelos multirregionales. Finalmente, al comentar la evidencia de muchos casos de extinciones locales, Relethford señala que, si bien los estudios genéticos en fósiles de Nenderthales parecen inclinarse más hacia la posición de una especie separada (*Homo neanderthalensis*), la evidencia aún no es concluyente y es mucho más complicada de lo que se creía.

Recientemente, Templeton (2002) presentó los resultados de su estudio que incluye diferentes regiones del ADN humano (mitocondrial, cromosoma Y y otras regiones cromosómicas vinculadas). Del mismo surgen dos puntos importantes. En el primero de ellos se rescata y refuerza el papel dominante que África ha tenido en la conformación del *pool* genético humano, al menos a través de dos –y no una– expansión del *Homo erectus* fuera de África. El segundo es la generalidad del intercambio genético entre las poblaciones humanas, en lo que se refiere al recurrente flujo génico. En el primer caso, la evidencia de dos expansiones fuera de África del *Homo erectus* sería consistente con el registro arqueológico achelense en el Pleistoceno Medio. Esto implicaría expansiones culturales, las que involucrarían no únicamente artefactos, sino también ideas e interacción con las poblaciones locales euroasiáticas. Asimismo estas dispersiones son compatibles con los datos fósiles. Por ejemplo, tras la expansión inicial del *Homo erectus* fuera de África –*circa* 1,7 Ma–, hubo pocos cambios en el tamaño del cerebro hasta el 700 Ka; a partir de allí comienza a verse un aumento en el promedio de la capacidad craneal que se hace más evidente hacia el 500-400 Ka. La evidencia fósil más reciente de la expansión fuera de África sería la presencia de cráneos altos, redondeados, con frentes más pequeñas y mentón, que se registra *circa* 130 Ka en África, y es seguida por otra dispersión en el 90 Ka. Esto coincide con las evidencias genéticas en las distribuciones de ADN. En otras palabras, los rasgos craneales mencionados parece ser caracteres que se originan en África y se expanden. Hay otros rasgos que no presentan cambios, haciendo más difícil sostener la idea de reemplazo.

Por otra parte, la evidencia genética analizada por Templeton indica que el flujo génico entre las poblaciones ha sido muy importante a pesar de las distancias geográficas y de los diferentes e importantes sucesos de expansión poblacional, lo que refuerza de alguna manera más la idea de hibridación que la de reemplazo. Templeton considera que las poblaciones africanas y eurasiáticas están vinculadas por esta recurrencia del flujo génico, al menos durante los últimos 500 Ka. Esto sería una consecuencia de la serie de expansiones tanto fuera de África como fuera de Asia, con las consiguientes consecuencias genéticas. Con el paso del tiempo, y a través de las distintas expansiones, las poblaciones humanas extendieron su rango geográfico, aumentando el flujo génico. El modelo de Templeton muestra que el intercambio genético, a través del gran rango de las expansiones y el flujo génico –con hibridación– ha sido una de las mayores fuerzas en la conformación de las especies de *Homo* y su diversidad genética espacial.

Tras el trabajo de Templeton, una nueva pieza se suma al rompecabezas. Vekua et al. (2002) presentan los resultados del estudio pormenorizado de los fósiles del sitio Dmanisi, encontrados en la República de Georgia, en la confluencia de los ríos Masavera y Pinezouri, casi equidistante entre los mares Caspio y Negro. Si bien en un primer momento estos fueron adscriptos a *Homo erectus* (Gabunia et al., 2000 y 2001), Vekua y colaboradores sostienen ahora que deberían ser adscriptos a una especie que se relacionaría más con el *Homo habilis*. Estos resultados no cambian sustancialmente la propuesta de Templeton. Pero si esto es así, la dispersión fuera de África ya sería una característica importante en otras especies *Homo*, y no solamente en *Homo erectus* y *sapiens*.

Los hallazgos de Atapuerca (Carbonell et al., 1999) en Burgos, España, están mostrando nuevas alternativas al problema del origen del hombre moderno. Este complejo de sitios presenta hallazgos excepcionales, no sólo por la cantidad de restos de *Homo antecessor* –32 individuos– y por su profundidad temporal –*circa* 700 Ka– sino también por la presencia de arte y tecnología líticas antes no registradas en Europa, y el posible canibalismo.

Finalmente, y viajando un poco más hacia atrás en el tiempo, Brunet et al. (2002) han dado a conocer lo que parece ser la evidencia fósil más temprana del linaje humano. Hasta el momento, las evidencias de las diferentes especies de homínidos anteriores a los *Homo* se localizaban en África oriental. El descubrimiento del *Sahelanthropus tchadensis*, en Chad, África central, parece mostrar una alternativa diferente de las conocidas. Localizados a más de 2.500 km del valle del Rift –región de donde provienen la mayoría de los fósiles conocidos– los restos del *Sahelanthropus tchadensis* incluyen un cráneo casi completo y fragmentos de mandíbulas. De acuerdo con la fauna es posible datar la antigüedad de estos fósiles entre 6 y 7 Ma. Estas características –distancia al valle del Rift y 2 millones de años más antiguo que los *A. ramidus*– parecerían indicar que los miembros más tempranos del clade homínido estuvieron más ampliamente distribuidos en África de lo que se pensaba. Y principalmente que el momento de divergencia entre la rama que dará lugar al género *Homo* y la que llevará a los chimpancés modernos es anterior a lo que mostraban estudios precedentes. Los resultados preliminares de los estudios paleoambientales indican que los mismos fueron diferentes de los que caracterizaban las ocupaciones de australopitecos en África oriental. Esto estaría indicando quizás un nicho ecológico diferente del *Sahelanthropus tchadensis*.

Estos ejemplos son sólo una muestra del dinamismo del tema y de los desafíos que, como investigadores de la diversidad humana, aún nos quedan por enfrentar.

Bibliografía

Aiello, L. 1993. The fossil evidence for modern human origins in Africa; a revised view, *American Anthropologist*, núm. 95, pp. 73-96.

Ambrose, S. 1998. Late Pleistocene human population bottlenecks, volcanic winter, and differentiation of modern humans, *Journal of Human Evolution*, núm. 34, pp. 623-651.

Bertranpetit, J. 2000. Genome, diversity, and origins: The Y chromosome as a storyteller, *Proceedings of the National Academy of Sciences*, núm. 97, pp. 6927-6929.

Brunet, M. et al. 2002. A new hominid from the Upper Miocene of Chad, Central Africa, *Nature*, núm. 418, pp. 146-151.

Carbonell, E., Mosquera, M., Rodríguez, X. P., Sala, R., y van der Made, J. 1999. Out of Africa: The dispersal of the earliest technical systems reconsidered, *Journal of Anthropological Archaeology*, núm. 18, pp. 119-136.

Gabunia, L., Vekua, A. y Lordkipanidze, D. 2000. The environmental contexts of early human occupation of Georgia (Transcaucasia), *Journal of Human Evolution*, núm. 38, pp. 785-802.

Gabunia, L., Antón, S. C., Lordkipanidze, D., Vekua, A., Justus, A. y Swisher, C. C. 2001. Dmanisi and dispersal, *Evolutionary Anthropology*, núm. 10, pp. 158-170.

Harpending, H., Sherry, S., Rogers, A. y Stoneking, M. 1993. The genetic structure of ancient human populations, *Current Anthropology*, núm. 34, pp. 483-496.

Lahr, M. M. y Foley, R. A. 1994. Multiple dispersals and modern human origins, *Evolutionary Anthropology*, núm. 3, pp. 48-60.

— 1998. Towards a theory of Modern Human origins: Geography, demography, and diversity in recent human evolution, *Yearbook of Physical Anthropology*, núm. 41, pp. 137-176.

McBrearty, S. y Brooks, A. S. 2000. The revolution that wasn't: A new interpretation of the origin of modern human behavior, *Journal of Human Evolution*, núm. 39, pp. 453-563.

Relethford, J. 2001. *Genetics and the Search for Modern Human Origins*. Nueva York, Willey & Son.

Stringer, C. B. 2001. Modern human origins. Distinguishing the models, *African Archaeological Review,* núm. 18, pp. 67-75.

Templeton, A. R. 2002. Out of Africa again and again, *Nature,* núm. 416, pp. 45-51.

Vekua, A., et al. 2002. A new skull of Early *Homo* from Dmanisi, Georgia, *Science,* núm. 297, pp. 85-89.

Zhu, R. X., et al. 2001. Earliest presence of humans in northeast Asia, *Nature,* núm. 413, pp. 413-417.

8
Nuevos enfoques en el estudio del Paleolítico Superior

Ana M. Aguerre, Silvana Buscaglia,
María Onetto y Matilde Lanza

Durante la etapa final del Pleistoceno se desarrolla el período cultural conocido como Paleolítico Superior (*circa* 40 y 10 Ka). En él los cazadores-recolectores alcanzaron logros importantes en su vida material y dejaron muestras de su simbolismo. En los últimos 20 años muchos especialistas europeos y norteamericanos han aplicado diferentes enfoques en su estudio. Aquí nos proponemos sintetizar esas propuestas a fin de ampliar la comprensión de dicho período. Es importante rescatar la opinión de ciertos autores que sostienen que el estudio del Paleolítico no debe restringirse únicamente a Europa. En lugar de tomarse como la secuencia modelo para el resto del mundo, debe ser entendida en relación con los desarrollos de Asia y África. Sin embargo, Europa presenta ciertos aspectos que hacen de ella un laboratorio particular para el estudio del Paleolítico.

1. El enfoque tradicional sobre el Paleolítico Superior

La secuencia cronológica y cultural del Paleolítico Superior fue establecida a principios del siglo XX por el abate H. Breuil y por D. Peyrony, quienes se basaron en la sucesión estratigráfica establecida en cuevas y abrigos del sudoeste francés. Siguiendo a Julien (1992) se puede postular que, en el enfoque tradicional –desde 1890 a 1950–, la comparación y el análisis del registro arqueológico se basó en el reconocimiento de patrones de similitudes y diferencias en las formas de los artefactos y en la composición de los conjuntos; la interpretación de estas similitudes parte de la idea de que los objetos comparten determinadas características porque las personas que los manufacturaron compartían las mismas ideas, pautas y normas; este enfoque muchas veces tiende a asimilar las clases descriptivas a clases culturales o «grupos étnicos».

A lo largo de las décadas de 1950 y 1960, los trabajos utilizados por varias generaciones de arqueólogos, como el de Sonneville-Bordes y Perrot (1954) o el más difundido de Bordes (1961), plasmaron una concepción del Paleolítico Superior. Valga como ejemplo el de Bordes, quien planteaba que «la tipología es la ciencia que permite reconocer, definir y clasificar las diferentes variedades de útiles que se encuentran en los yacimientos». Los útiles de piedra o de hueso producidos por la acción humana son también considerados como «fósiles guías» que datan los niveles de ocupación humana, lo mismo que los fósiles guías que datan las capas geológicas. En Europa el desarrollo de la investigación en ciencias naturales y humanas ha otorgado al registro del Paleolítico francés un predominio por sobre el del resto del continente. Esta situación se manifiesta claramente en la nomenclatura utilizada. Los nombres y los conceptos creados en el siglo XIX –achelense, micoquiense, musteriense, chatelperroniense, auriñaciense, graveliense, solutrense, magdaleniense y aziliense– siguen siendo empleados. La realidad de esos nombres y conceptos está cuestionada; sin embargo, resulta difícil desprenderse de ellos. Entre 1950 y 1980 se asiste a un refinamiento de las tipologías a través de la aplicación de métodos estadísticos. Surgen equipos como los de Tixier y el de Bordes y sus continuadores, junto con obras de síntesis como *La Préhistoire* (Garanger, 1992).

2. Nuevos enfoques a partir de 1980

En la década de 1980 los especialistas adoptan distintos enfoques en el análisis de los artefactos líticos: tecnología, cadenas operativas, remontajes, talla experimental, economía de talla, selección de formas bases y función de útiles. Una nueva generación de especialistas franceses aparece en escena, como P. Bodú, E. Boeda, J. M. Geneste, M. Julien, C. Karlin, M. Olive, J. Pelegrin, N. Pigeot y S. Ploux, mostrando una densa producción en tipología-tecnología lítica, basada también en hallazgos realizados en nuevos sitios excavados. Esto les permite explorar el control estratigráfico con la contemporaneidad de las ocupaciones, así como su dinámica.

La escuela francesa, utilizando conceptos de la paleoetnología de Leroi-Gourhan, libera, a través del análisis de las cadenas operativas, la posibilidad de superar lo descriptivo y atender a las intenciones últimas de quienes habitaban esos sitios. El estudio de las cadenas operativas trasciende la mera reconstrucción de la secuencia de actividades involucradas en la consecución de un fin determinado –i.e. manufactura de instrumentos líticos– en tanto permite realizar inferencias y discutir otros aspectos del comportamiento humano. Estos abarcan desde las habilidades cognitivas hasta cuestiones relacionadas con la expresión individual, habilidades distintas de los artesanos y aprendices, posible participación de los niños en las actividades de talla, la organización social o el sistema de asentamiento. Asimismo, se amplían las preguntas hacia el análisis de las estructuras de combustión y microestratigráfico de los depósitos de desechos de talla. La escuela francesa logra así un refinamiento especial en el detalle de sus aportes sobre las capacidades del hombre a lo largo de todo el Paleolítico.

La perspectiva franco-etnocéntrica se ha vuelto problemática en los últimos tiempos, debido a la explosión de investigaciones realizadas en diferentes países del Viejo Mundo con conjuntos artefactuales que muestran gran variabilidad interregional e intrarregional, tanto sincrónica como diacrónica (Garanger, 1992). Si bien la investigación francesa sigue siendo emulada hoy en día debido a los excelentes estudios producidos por sus prehistoriadores, su criterio ordenador ha dejado de ser replicado ciegamente. Durante los últimos años, arqueólogos franceses que fueron formados dentro de los cánones tradicionales buscaron también otros enfoques o disciplinas que les permitieran indagar el pasado. Así cobraron especial importancia las orientaciones de las ciencias naturales, donde el paleoambiente se tornaba eje de ciertas explicaciones. Junto con la paleoetnología, los arqueólogos se permitieron superar la descripción del artefacto, para conocer al hombre y su comportamiento, convirtiendo a la prehistoria paleolítica en algo más dinámico. Los nuevos enfoques superan al tradicional porque van más allá del ejercicio clasificatorio y descriptivo de la cultura material, para internarse en el estudio del comportamiento, la adaptación, la variación y el cambio. Gran parte de los nuevos enfoques utilizados por especialistas norteamericanos e ingleses tienen sus raíces en la arqueología procesual. Straus, como se ha visto, ha desarrollado un enfoque integrado donde los cambios ambientales se tornan eje de las explicaciones para los cambios tecnológicos producidos en los distintos momentos del Paleolítico.

3. Secuencia del Paleolítico Superior

Antes de pasar a la descripción de la secuencia establecida para el Paleolítico Superior, importa destacar que este período –fundamentalmente en Europa– se caracterizó por la aceleración con la que ocurrieron los cambios tecnológicos y la dispersión espacial, a diferencia del Paleolítico Medio que presentó una mayor estabilidad (Figuras 8.1 y 8.2). El reemplazo de la tecnología musteriense y la anatomía neanderthal por la tecnología del Paleolítico Superior y la anatomía moderna tuvo lugar bajo condiciones que ya hemos mencionado.

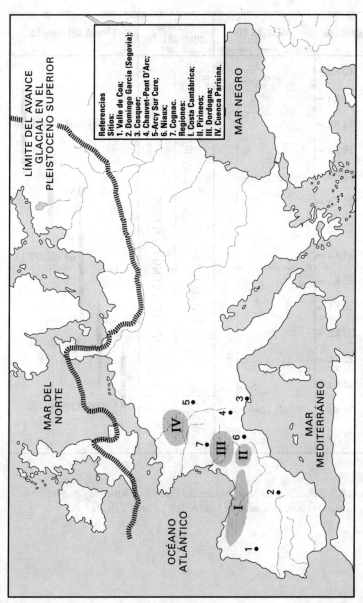

Figura 8.1. Ubicación de los principales sitios y regiones citados.

Referencias
Sitios:
1. Valle de Coa;
2. Domingo García (Segovia);
3. Cosquer;
4. Chauvet-Pont D'Arc;
5- Arcy Sur Cure;
6. Niaux;
7. Cognac.
Regiones:
I. Costa Cantábrica;
II. Pirineos;
III. Dordogna;
IV. Cuenca Parisina.

LÍMITE DEL AVANCE GLACIAL EN EL PLEISTOCENO SUPERIOR

MAR DEL NORTE

OCÉANO ATLÁNTICO

MAR MEDITERRÁNEO

MAR NEGRO

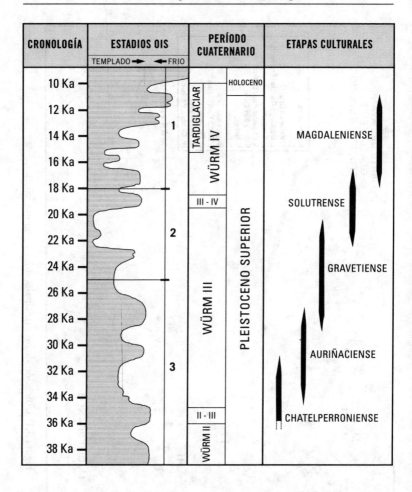

Figura 8.2. Relación entre las industrias del Paleolítico Superior y su relación con las variaciones climáticas, sobre la base de la bibliografía citada.

3.1 Chatelperroniense o perigordiense inferior

Se desarrolló entre los 36 y 32 Ka. En las distintas publicaciones europeas, los especialistas alternan las denominaciones de períodos y/o industrias y/o culturas como forma de organizar la secuencia cultural. Nosotros elegimos una de ellas, sin por ello emitir juicio de valor al respecto. El nombre que identifica a esta cultura como chatelperroniense procede del yacimiento epónimo de la Grotte des Fées en Châtelperron, Francia. Su industria lítica posee un marcado carácter «musteroide», aunque puede considerarse como de transición entre el musteriense y el Paleolítico Superior. Sin embargo, ciertos autores sostienen que, hoy en día, existe un amplio consenso con respecto al origen neanderthal de la industria chatelperroniense. La principal línea de evidencia que permite sostener este argumento proviene del hallazgo de restos fósiles neanderthales asociados a dicha industria, como es el caso del esqueleto y cráneo descubiertos en Saint-Césaire, con una antigüedad de 36,3 Ka. El hecho de que la industria chatelperroniense posea rasgos propios tanto del Paleolítico Medio como del Superior, en algunos casos se explica como una consecuencia de la imitación neanderthal de los procedimientos técnicos introducidos por el hombre moderno. Asimismo, hacia el final de este período comienzan a hacer su aparición la industria ósea y los primeros, aunque escasos, elementos de adorno y arte mobiliar, desarrollos propios del hombre moderno. El uso de nuevas materias primas –i.e. hueso, marfil– que requieren una mayor complejidad y destreza en su manejo, así como también el simbolismo y la abstracción inherentes a la producción de objetos de adorno y arte ponen en evidencia un notable desarrollo cognitivo durante el Paleolítico Superior.

3.2 Auriñaciense

Su denominación proviene del yacimiento epónimo de Aurignac, excavado por primera vez en 1860 por Lartet, y designa una «familia cultural» cuyas ramificaciones cubren toda Europa, dominando la época en que el hombre moderno se impone definitivamente. Sus orígenes todavía hoy están en discusión, aunque algunos investigadores abogan por un origen en el Oriente Próximo. Alcanza su mejor momento durante el fin de las oscilaciones climáticas más cálidas y durante los fríos que siguen entre los 35 y 28 Ka.

Lo que singulariza al auriñaciense es la técnica de obtención de láminas a partir de una nueva forma de preparar los núcleos. Esto permite obtener artefactos laminares de distintos tamaños pero de forma regular, aumentando el largo de los filos útiles y la cantidad de láminas extraídas por núcleo. Esto incrementó el número de potenciales artefactos posibles de fabricar a partir de una misma pieza de materia prima, haciéndolos también más fáciles de enmangar. Se aprecia en términos generales una maximización en el aprovechamiento de la materia prima y con ello la producción de una mayor cantidad de artefactos.

Durante el auriñaciense hay un fuerte impulso en la fabricación de objetos en hueso, cornamenta de cérvido y marfil. Su calidad tecnológica es destacable, incluyendo instrumentos como azagayas, bastones perforados, punzones, perlas y pendientes, *baguettes*, plaquetas, etcétera. Hay una tendencia a buscar materias primas líticas de excelente calidad, provenientes de lugares alejados de los campamentos, sobre todo en el caso de aquellas utilizadas en la fabricación de ornamentos. Lo mismo se observa en la distribución geográfica de los estilos de arte. Este rasgo se acentúa principalmente en períodos posteriores, con el deterioro de las condiciones climáticas. Esto pone en evidencia no sólo un mayor grado de complejidad en la organización del espacio regional, sino también el desarrollo de sistemas de comunicación a gran escala entre poblaciones alejadas, tanto a través de redes de intercambio como de otro tipo de vínculos sociales (rituales, matrimoniales). En ese momento la escala de dichas relaciones sería interregional.

Las poblaciones auriñacienses poseían un íntimo conocimiento de su medio ambiente y la utilidad de los recursos proporcionados por este. Un ejemplo de ello puede apreciarse en el estudio de las propiedades específicas y las ventajas diferenciales del uso combinado de la madera y el hueso como combustibles en el abrigo de Pataud, Les Eyzies de Tayac, en la Dordoña francesa. Allí se comprobó que el hueso pudo haberse utilizado como resultado de un manejo intencional del combustible en relación con la función del asentamiento. Esto se contrapone a las teorías que sostienen que sólo se lo hacía cuando escaseaba la madera.

3.3 Gravetiense

También llamado perigordiense superior, se desarrolló aproximadamente entre los 29 y 21 Ka, durante una fase climática muy fría y seca, caracterizándose por el uso generalizado de azagayas confeccionadas sobre astas de cérvidos. Al mismo tiempo tuvieron lugar ciertas innovaciones, como la aparición de hojitas con dorso y de las puntas La Gravette. Estas fueron empleadas como parte de útiles compuestos sobre astiles de madera o hueso sobre los que se sujetarían a base de resina u otro pegamento. Aparecen además una gran variedad de buriles, raspadores y perforadores. De acuerdo con Straus (1995), el desarrollo y la amplia distribución geográfica de la tecnología gravetiense –casi equiparable a la del auriñaciense– podría ser la respuesta a los cambios ambientales –disminución de las temperaturas a partir de los 30 Ka– producidos durante ese momento.

3.4 Solutrense

Se desarrolla en Europa occidental entre los 22 y 18 Ka, durante el pico máximo de la última glaciación. En Francia y en la Península Ibérica aparecen como novedad las puntas foliáceas, que representan los útiles más elaborados de todo el Paleolítico Superior. Sorprende el hallazgo efectuado en el yacimiento francés de Volgú, de puntas con forma de hoja de laurel, algunas con una longitud superior a los 40 cm y un espesor de aproximadamente 1 cm. Su extrema fragilidad hace suponer que nunca fueron utilizadas como armas arrojadizas y que probablemente tuvieron algún tipo de significado simbólico y/o social. Aunque la cantidad de instrumentos óseos decrece, aparecen otros nuevos como los bastones perforados y las agujas con ojo.

La tecnología solutrense evidencia un alto grado de complejidad y especialización. La cantidad de soluciones técnicas en relación con las puntas de proyectil es un reflejo de la diversidad en los sistemas de manufactura y uso de las armas en general. La complejidad tecnológica puede ser en ciertos casos el producto del trabajo de artesanos especializados en la fabricación de objetos particulares (i.e. puntas hoja de laurel). Se produjo por entonces un notable avance en las técnicas de elaboración del equipamiento de caza. Sumado a esto se encuentra el hecho de que las puntas de proyectil representan un 70% de los conjuntos líticos. Esta observación indica que los artesanos necesitaron invertir una gran cantidad de tiempo en la manufactura de los instrumentos y que la organización económica y social del grupo posibilitó tal inversión.

Una manera alternativa para estudiar el solutrense es comprenderlo como una respuesta adaptativa a la crisis ambiental del Último Máximo Glaciar –UMG–, cuando las temperaturas descendieron diez grados y la aridez tuvo efectos aun más significativos sobre la vegetación (Straus, 1995). A medida que los glaciares continentales avanzaban –entre 20,5 y 16,5 Ka– el noroeste europeo se fue abandonando y las poblaciones humanas buscaron refugio en las regiones sureñas. Así, el solutrense parece ser una respuesta cultural a varios y severos cambios ambientales en las latitudes medias de Europa occidental. Esto llevó a que se produjeran invenciones en el campo de los instrumentos y en el de los aspectos tecnológicos. También implicó cambios drásticos en la distribución de los territorios y asentamientos humanos, como en la densidad regional de población. Straus plantea que la intensificación y sobre todo la diversificación en la explotación de los recursos durante el solutrense estarían poniendo en evidencia que la primera revolución hacia una dieta de amplio espectro tuvo lugar durante ese período. Estos cambios debieron de haber sido tan importantes que provocaron una disrupción en los sistemas adaptativos, causando cambios económicos, demográficos y sociales. Estos se percibirían en el dominio técnico y más particularmente en las armas relacionadas con el acceso a los recursos animales, puesto que han de haber desempeñado un papel fundamental en la subsistencia de las poblaciones humanas.

3.5 Magdaleniense

En el oeste de Europa el magdaleniense sucede al solutrense, mientras que en Italia y el centro y sur de Europa se lo denomina epigravetiense. Las ocupaciones magdalenienses más antiguas están datadas en 18 Ka y se extienden hasta el 10 Ka. En este período se produce una reocupación gradual de los valles y mesetas del interior y del norte de Europa, debido a la progresiva mejora de las condiciones climáticas.

Las formas de los útiles en asta, hueso y marfil, así como el estilo y el contenido tanto del arte mueble como el parietal, indican que el magdaleniense procede de un cambio gradual. Durante este período se perfecciona la talla laminar y sobre todo la miniaturización de los instrumentos líticos, los cuales llegan a convertirse en auténticos microlitos, base de las culturas posteriores. Cabe destacar que durante el magdaleniense se produce el apogeo del arte paleolítico. La variabilidad observada en sus conjuntos artefactuales puede explicarse como una delimitación étnica del espacio o como resultado de la diversidad de tipos de asentamientos –cuevas profundas, aleros, paredones, a cielo abierto– y de los sistemas de movilidad y de aprovisionamiento de las materias primas. Nuevamente, se produce una explosión general en el uso del asta, principalmente a lo largo de la costa atlántica, pero también en la España mediterránea, lo cual derivó en la invención del arpón.

En la zona de los Pirineos franceses se excavaron algunos aleros situados frente a un amplio valle. En ellos se registraron enterramientos con estructuras, estatuas de piedra, arpones y restos óseos de reno y salmones en 4 sitios distantes entre sí 250 metros uno de otro. En Abrí Dufaure apareció un piso de cantos rodados traídos desde el valle del río, que fueron puestos para evitar el pantano en la época húmeda. Cuando los moradores del alero volvían, ponían otra camada de guijarros, formándose verdaderos palimpsestos con el transcurso del tiempo; allí se encontraron en abundancia hojitas con dorso, raspadores y sólo 3 arpones. En cambio, en otro de los abrigos como Abrí Durruty hay una mayor evidencia de pesca. En los dos sitios se encontraron azagayas con dos surcos para poner hojitas. Los últimos renos se cazaron durante una etapa templada y húmeda entre 11,8 y 11 Ka, cuando el reno ya estaba restringido en Francia a las zonas altas montañosas, mientras el resto de la fauna migraba hacia el norte.

Se destacan los sitios magdalenienses de la Cuenca Parisina. Los trabajos realizados por Leroi-Gourhan y discípulos en Arcy sur Cure y en Pincevent desde 1964 han sido de discusión y comparación con diferentes culturas del mundo. Se trata de campamentos estacionales con una similar organización del espacio, con numerosos fogones alrededor de los cuales se concentran piedras recalentadas, sílex tallado y retocado y restos de fauna. Salvo en dos de los conjuntos, en los cuales un círculo de piedras planas delimitaba la base de una gran habitación circular, no se encontró ninguna evidencia semejante en Etiolles.

Los sitios magdalenienses de Pincevent y Verbery fueron lugares estratégicos para cazar el reno. Por un lado Pincevent está ubicado sobre la costa del río Sena, en tanto que Verbery lo está sobre las costas de un afluente, el río Oise. Fueron ocupados durante un período frío –Dryas II– entre 12,5-12 Ka. En las armas y artefactos en sílex y hueso, se evidenciaron tareas de corte y raspado; en tanto que la presencia de todas las partes anatómicas de las presas testimonian que, entre el fin del verano y principios del otoño, las tareas de los cazadores eran múltiples: caza, consumo, preparación de las pieles y tendones para costura, posible conservación de carne. Se trata de parajes que regularmente se inundaban y los limos terminaron sellando los vestigios de ocupación, lo que permitió reconstruir la organización de los diversos campamentos.

El sitio de Etiolles fue ocupado durante la oscilación cálida –Bolling– entre 13 a 12,5 Ka mientras que el de Marsangy, en un afluente del río Yonne, durante la oscilación cálida –Allerod– entre 12 a 11 Ka. En ambos, los restos de animales son más raros e indican una caza ocasional y diversificada de mamut, bisonte, caballo y reno, pero con una abundante presencia de desechos de talla que sugiere otro tipo de actividades. En Etiolles, próximo a una cantera de sílex, los magdalenienses se dedicaron a la talla de grandes láminas, dejando nódulos de dimensiones excepcionales cercanos a los 50 kg. Los ocupantes de una de las habitaciones utilizaron más de 300 kilogramos de sílex. Esto seguro sobrepasaba las necesidades de un consumo local y una parte de las láminas que no se encontraron en el sitio pudieron ser llevadas para utilizarlas en puntos lejanos o intercambiarlas. Como lo muestra la estratigrafía del sitio, los magdalenienses volvían regularmente para abastecerse y reconstituir el stock de láminas que transportaban en sus desplazamientos. En Marsangy preparaban y reparaban los útiles con el fin de utilizarlos nuevamente.

Aunque los magdalenienses hayan ocupado estos sitios para cazar el reno, tallar el sílex o realizar otras operaciones técnicas, siempre empezaban por encender el fuego y construir el abrigo. La polarización de las actividades alrededor del fogón se encuentra en diferentes casos y es solamente la intensidad o la naturaleza particular de ciertas tareas lo que lleva a la creación de áreas de trabajo periféricas. Algunas, próximas al área de habitación; otras, a fogones especialmente construidos a tal efecto. También hay que destacar que la distinción entre habitaciones y talleres –*ateliers*– permite no solamente establecer una tipología de estructuras, sino también poner en evidencia una repartición de tareas en el seno de un grupo social.

4. La subsistencia durante el Paleolítico Superior

Dadas las condiciones ambientales que imperaron durante el período en el que se desarrolla el Paleolítico Superior y especialmente en Europa, las estrategias de subsistencia presentaron un alto grado de planificación. Esto permitió amortiguar las situaciones de riesgo e incertidumbre, lo cual permite suponer que sus poblaciones posiblemente pusieron en práctica estrategias logísticas *sensu* Binford (1980). En dicho tipo de estrategia los animales constituyen el núcleo principal de la dieta, siendo la planificación previa de los sucesos asociados con su caza un aspecto esencial para evitar el fracaso y asegurar la supervivencia en ambientes altamente riesgosos. Además, la estrategia se caracteriza porque los campamentos base son los núcleos centrales de donde salen las partidas de caza. Esto hace que sea baja la frecuencia de traslado del campamento base, ya que es una parte del grupo la que se moviliza hacia los lugares de caza. Por otro lado, es posible que se encuentren lugares de almacenamiento en los campamentos base, y que en general, la complejidad tecnológica sea mayor. Por último, la planificación en la búsqueda de materias primas líticas a grandes distancias del campamento base constituye una característica de este tipo de estrategia.

El bisonte europeo, el caballo, el ciervo y el reno fueron las especies en torno a las cuales se organizaron y centraron las estrategias de subsistencia. Otro tipo de fauna mayor, como las diferentes especies de mamut y rinoceronte, habría sido aprovechado circunstancialmente, en especial por los riesgos que implicaría su captura y los mayores costos de procesamiento. Es posible que estos grandes animales fueran aprovechados por medio del carroñeo, al igual que otras especies animales. Una fuente alternativa de recursos era la representada por especies de tamaño pequeño pero con índices de reproducción altos y con una gran disponibilidad (i.e. conejos, liebres, aves, moluscos, peces). Esta clase de recursos tienen altos costos de explotación, y su rendimiento por unidad es muy bajo. No obstante, la presencia de tal tipo de fauna en el registro del Paleolítico Superior, más la presencia de arpones y las representaciones de peces, atestiguan un papel importante en la dieta durante esos momentos (Stiner, 2001).

La evidencia disponible indicaría que la subsistencia a lo largo del Paleolítico Superior se caracterizaba por una tendencia hacia la diversificación de los recursos explotados. Esto contradice la visión tradicional de economías sumamente especializadas en el aprovechamiento de unos pocos recursos, como la sostenida por Mellars desde los inicios de la década de 1970, especialmente del reno y ciervo. Dennell (1987) sostiene que algunos investigadores han adoptado una posición intermedia. Este autor propone que las sociedades de entonces se concentraron mayormente en un recurso, pero que al mismo tiempo diversificaron sus actividades incluyendo otras presas. Esto pudo tener por objeto complementar una dieta excesivamente monótona o bien como una fuente de recursos de reaseguro en tiempos de crisis y de menor oferta. Una economía especializada habría resultado sumamente riesgosa, ya que al producirse una alteración o fluctuación en el recurso principal, el fracaso era seguro, poniéndose en juego la supervivencia del grupo.

Por lo tanto, durante el Paleolítico Superior las estrategias de subsistencia son organizadas, planificadas y dependientes fundamentalmente de una gran diversidad de recursos faunísticos y en mucha menor medida de los vegetales dados sus escasos rendimientos en la dieta. Por otro lado, los cambios tecnológicos que se ven en los conjuntos instrumentales, mejoraron la eficacia de las técnicas de caza y produjeron un mayor aprovechamiento de la presa. Durante este período cultural, podemos citar la invención del venablo, los arpones; y quizá más tardíamente del arco y la flecha, y el uso de redes y trampas para los animales más pequeños.

Hemos visto que las poblaciones del Paleolítico Superior no sólo habitaron cuevas, sino que también construyeron estructuras habitacionales en aleros y también al aire libre. Los materiales con los que se habrían construido variarían de acuerdo con los recursos disponibles: madera, huesos de grandes mamíferos, pieles. Estos y otros desarrollos –fundamentalmente un sistema de relaciones sociales a distancia– permitieron que dichas poblaciones lograran una exitosa adaptación a las difíciles condiciones impuestas por el entorno glaciar.

5. Arte paleolítico

Actualmente la mayoría de los investigadores está de acuerdo en que lo que distingue a los seres humanos de otras formas de vida es la habilidad para hacer uso de los símbolos. Todo pensamiento inteligente o cualquier discurso coherente se basa en símbolos y requiere de ellos para expresarse. Las palabras son símbolos en sí mismas y representan parte del mundo real. Cada tradición cultural tiene sus signos y símbolos específicos. Pero el problema reside en su interpretación a través de su cultura material. Esto no es tarea fácil y ha existido un gran escepticismo a lo largo de la historia de la investigación, con respecto a conocer el significado subyacente.

Robb (1998) se pregunta si la arqueología debe ocuparse o no de los símbolos y, en caso afirmativo, cómo puede encarar su investigación. Muchos piensan que, por más importantes que sean, sería una tarea infructuosa tratar de recuperar fenómenos mentales por medios arqueológicos. Otros creen que son irrelevantes para los sistemas mayores que han estructurado la vida humana a lo largo de los siglos. Recientemente, han aparecido otros puntos de vista, que van más allá de las visiones tradicionales sobre el arte paleolítico.

Uno de los autores que ha abordado el tema es Mithen (1996). Para él es importante explicar el *simbolismo visual* en la construcción de imágenes y las relaciones entre percepción, representación y lenguaje. Este autor desarrolló un modelo de dos estadios para la evolución del simbolismo visual. El primero se refiere a la evolución de la habilidad para atribuir significado a las imágenes visuales. En esta etapa es significativo el papel que desempeñan los «signos naturales» (i.e. huellas y rasgos dejados por animales). El segundo se refiere a la integración de esta habilidad con la de hacer marcas, comunicar intencionalmente y clasificar signos. Tomados en su conjunto los cuatro procesos físico-cognitivos –la atribución de significado a las imágenes visuales y las habilidades de hacer marcas, comunicar intencionalmente y clasificar signos– constituyen la capacidad para el simbolismo visual.

Mithen aplica su modelo al arte representativo del Paleolítico Superior europeo, donde se encuentran esculturas de animales y figuras humanas en el sur de Alemania y cuentas talladas de marfil en el oeste de Francia, hace aproximadamente 32 Ka. Como las primeras son representativas piensa que existe la posibilidad de que hayan sido simbólicas. En ambas regiones se encuentran imágenes recurrentemente grabadas sobre superficies rocosas, consideradas como símbolos no icónicos. Las más notables son las vulvas de La Ferrasie y otros sitios en el sudoeste francés. Existen numerosos artefactos con marcas y manchas de ocre previos al Paleolítico Superior, lo cual podría ser un indicio de que los homínidos del Paleolítico Inferior y

Medio habrían tenido la capacidad para crear símbolos visuales. El argumento principal contra la existencia del simbolismo visual antes del Paleolítico Superior, según Chase (1991), es el carácter único de cada marca individual, es decir que, al no volverlas a repetir, no habrían tenido un significado específico.

Como ya hemos señalado, según Mithen (1996) las investigaciones recientes de la ciencia cognitiva se basan en cuatro componentes del simbolismo visual. Los tres primeros –el hacer marcas, la clasificación y la comunicación intencional– parecerían haber surgido tempranamente en la evolución humana, ya que se encuentran en monos y simios. Por lo tanto estarían presentes entre los homínidos del Pleistoceno. Pero el cuarto componente –atribuir significado a los signos visuales– parecería estar ausente entre los primates no humanos en ambientes naturales y aparecería relativamente tarde en el contexto de la actividad de subsistencia. Explicar la evolución de esta habilidad es el primer paso en el modelo evolutivo para el origen del simbolismo visual.

Sin embargo, a pesar de que la atribución de significado parecería haber sido tardía con respecto a los otros procesos cognitivos, los cuatro componentes deben de haber estado presentes durante muchos miles de años antes de que fueran integrados para formar la «capacidad para el simbolismo visual». Esta integración es el segundo paso en el modelo evolutivo para el origen del arte. La mente humana está compuesta por una serie de módulos mentales, cada uno destinado a un proceso cognitivo específico. Lo que denotaría un cambio en el Paleolítico Superior es probablemente un incremento en la accesibilidad entre los módulos mentales, ya que se habría producido una integración de los procesos cognitivos encapsulados separadamente. Como resultado de esto, se habría originado una inteligencia más generalizada.

La capacidad para el simbolismo visual fue probablemente sólo uno de los procesos cognitivos que surgieron. Los cuatro elementos de la capacidad del simbolismo visual estaban presentes antes del Paleolítico Superior, pero localizados en diferentes dominios cognitivos dentro de una mente modular. El proceso cognitivo de nivel más alto para crear y leer símbolos que requiere la integración de estos elementos pudo ocurrir solamente siguiendo el desarrollo del aumento de los niveles de accesibilidad entre dominios cognitivos. Por lo tanto, primero se habría producido la evolución de la capacidad para atribuir significado, en el contexto del uso de pisadas y huellas animales en la actividad predadora. El origen del arte fue el segundo de dos pasos críticos.

Las evidencias de arte en Europa se habían concentrado hasta hace pocos años principalmente en la zona franco-cantábrica (sudoeste de Francia y norte de España) y con un rango temporal que abarca entre los 40 y 10 Ka (Leroi-Gourhan et al., 1972; Ucko y Rosenfeld, 1967); ahora se conocen nuevos hallazgos en Europa central y oriental y otros continentes que auguran un nuevo panorama. Ya desde 1995 se plantea la necesidad de redescubrir el arte paleolítico a la luz de los nuevos sitios que indican la libertad del artista, originalidad de los motivos en cada sitio, y con grabados a cielo abierto que permiten acercarnos a un nuevo panorama (Clottes, 1996, Vialou, 1995-1996). Algunos especialistas comienzan a indicar que el arte prehistórico se encuentra prácticamente en todos los continentes y se lo asocia a los humanos anatómicamente modernos; destacando que podríamos hablar de arte en África desde hace 130 Ka; en Asia hace 100 Ka; en Europa hace 40 Ka; en Australia hace 42 Ka y en América hace 17 Ka.

En el arte paleolítico se suele distinguir entre *arte rupestre,* cuando se hace referencia a las representaciones ejecutadas en las paredes de las cuevas (las más comunes hasta ahora) y en superficies rocosas ubicadas al aire libre (recientes hallazgos en la Península Ibérica), mediante diferentes técnicas de pintura, modelado y grabado, y *arte mobiliar,* consistente en diversos objetos de piedra, hueso, asta y marfil, que han sido grabados y esculpidos representando en algunos casos figuras de animales o las conocidas *Venus de la Prehistoria* –figuras femeninas–, bastones de mando y azagayas decoradas.

Los comienzos de las investigaciones científicas sobre el arte paleolítico se remontan a la década de 1940 cuando fueron descubiertas las pinturas de la cueva de Lascaux en Francia, aunque los primeros descubrimientos se remontan a fines del siglo XIX y hasta la actualidad se siguen encontrando sitios con manifestaciones de arte paleolítico, en diferentes lugares de Europa. Los primeros que se dedicaron al análisis e interpretación del arte fueron Henri Breuil y posteriormente André Léroi-Gourhan (1965). Ambos elaboraron secuencias cronológicas lineales basándose en análisis estilísticos establecidos a partir de la diferenciación temporal y superposición de los motivos, así como también sus atributos formales y asociaciones. Breuil distinguía dos ciclos en el arte rupestre: ciclo auriñaciense-perigordiense y ciclo solutrense-magdaleniense. En el primero se representaron principalmente manos humanas en positivo y negativo mediante el uso de técnicas simples y rudimentarias. El segundo se corresponde con lo que denominaba el apogeo de las pinturas rupestres de cuevas como Altamira y Lascaux. Leroi-Gourhan, en la década de 1960, elaboró la secuencia estilística clásica del arte paleolítico, donde consideraba que este había pasado a lo largo del tiempo por cuatro estilos diferentes.

En los últimos años se han producido hallazgos de sitios con pinturas y grabados en el sur de Francia (Clottes, 1996). Estos presentan una variedad de motivos animalísticos y riqueza de colores y trazos que han revolucionado el tema del arte rupestre. Por ejemplo, los paneles pintados en Chauvet, Cosquer y Coussac indican destrezas pictóricas particulares hace 32 Ka (tabla 8.1). Ripoll López (1996) ha encontrado en España grabados a cielo abierto, tanto en Domingo García, Segovia, como en Almería y el Valle de Coa en Portugal. Esto nos permite aceptar que esas poblaciones se expresaron no solamente en las paredes de las cuevas profundas. Se abren así nuevas posibilidades para el hallazgo de sitios con arte rupestre. Un avance importante en el conocimiento del arte paleolítico a nivel mundial ha sido la revista científica *Inora*, dirigida por J. Clottes. Además, se han multiplicado los congresos de la especialidad y las publicaciones que también contemplan su protección y conservación en todos los continentes.

Una de las limitaciones en los estudios de arte rupestre es su difícil datación. Los datos cronológicos son cruciales para integrar el arte con la información tecnológica, de subsistencia como medioambiental. Desde los comienzos de las investigaciones se han usado una diversidad de técnicas de datación relativas y/o absolutas, pero en su mayoría indirectas. En las últimas décadas se han aplicado nuevas técnicas para obtener un fechado directo, absoluto y fiable del arte. Actualmente es posible obtener dataciones directas a partir de muestras mínimas de material orgánico que se encuentran en los pigmentos, ligantes o diluyentes y las pátinas que recubren el arte, y luego se fechan mediante análisis radiocarbónicos. Este es el caso del AMS o Acelerador de Espectrometría de Masas. Lo importante de este método es que sólo se necesita una mínima muestra –menos de 1 mg–, lo que produce un daño imperceptible en las pinturas. Se debe determinar la presencia de material orgánico en los pigmentos y/o diluyentes –i.e. carbón vegetal, que se usa comúnmente para obtener el color negro– para luego poder emplear el método de ^{14}C. También a partir de esta técnica se puede determinar la presencia de materia orgánica para fechar la pátina que recubre tanto las pinturas como los grabados. La técnica de termoluminiscencia –TL– permite datar los materiales con presencia de carbonatos asociados con paredes pintadas y/o grabadas. Si bien existen intercambios de ideas respecto de la fiabilidad de estas dataciones, que muestran que estos métodos aún se encuentran en una etapa de prueba, su aplicación está permitiendo establecer de forma directa la antigüedad del arte rupestre, además de otros tipos de análisis e interpretaciones.

El análisis de los pigmentos permite determinar la composición y materiales que contienen las pinturas y los diluyentes o ligantes. Esto ayuda a reconstruir las técnicas pictóricas y a saber cuáles eran las mezclas pigmentarias empleadas por los artistas para pintar las paredes de las cuevas. Por medio del análisis de los pigmentos de la cueva de Niaux, Francia, se ha podido determinar la utilización de dos recetas diferentes de pinturas. Inclusive se pudieron establecer relaciones entre esta y la cueva de La Vache, en las cuales se usó la misma mezcla de pintura durante el magdaleniense tardío. Además, las dataciones de ambas confirman esta relación (Clottes, 1993).

Los primeros resultados obtenidos de la aplicación de las nuevas técnicas de datación directa del arte paleolítico en la zona franco-cantábrica comenzaron a publicarse a partir de 1995. En Francia y España se han realizado dataciones directas de ^{14}C por AMS de pigmentos (véase tabla 8.1). En España también se ha aplicado la técnica de termoluminiscencia para datar la pátina de los grabados de la cueva de Venta de La Perra. Los resultados permitieron rectificar cronologías realizadas anteriormente sobre la base de análisis estilísticos o dataciones indirectas, como en el caso de la cueva de Cougnac, Francia, y en otros, como la cueva de Altamira, España, se ratificaron los estudios hechos basándose en análisis estilísticos.

Cueva	Región - País	Fechado más antiguo	Laboratorio
Chauvet	Ardèche - Francia	32.410 +/- 720	GifA 95132
Cosquer	Marsella - Francia	28.370 +/- 440	GifA 96074
Altamira	Santander - España	16.480 +/- 210	GifA 96061
Las Chimeneas	Santander - España	15.070 +/- 140	GifA 95194
Niaux	Ariège - Francia	13.850 +/- 150	GifA 92501
El Castillo	Santander - España	13.570 +/- 130	GifA 95108

Tabla 8.1. Selección de fechados antiguos de los más importantes sitios con arte rupestre. Sobre la base de Bahn y Vertut (1997: 75) y Bahn (1998).

Por último, cabe agregar la importancia que reviste el esfuerzo permanente de los especialistas en arte rupestre, para que las autoridades de todo el mundo tomen conciencia acerca de la necesidad de proteger los sitios de la destrucción. Asimismo, sabiendo que existe interés por conocer estas manifestaciones artísticas y que el turismo cultural ha crecido enormemente en los últimos años a nivel mundial, los investigadores trabajan conjuntamente con especialistas en recursos culturales y turismo, en el asesoramiento para instrumentar formas de manejo y puesta en valor de varios sitios. Se realizan estudios de evaluación de los bienes culturales, ya que no todos presentan la misma atracción para el público en general; análisis de estado de conservación; estudio de impacto, interés y diagnóstico, antes de realizar cualquier acción. No todos son aptos para ser visitados y en muchos casos no es necesaria su apertura al público. Sin embargo, en varios casos, es importante la puesta en valor de estos lugares para la propia comunidad, la cual a su vez, puede ejercer la custodia y el cuidado de ese bien. La tarea de difusión de esta cuestión debe ser permanente y de hecho se está llevando a cabo tanto en publicaciones como en congresos o simposios nacionales e internacionales.

6. Consideraciones finales

Hemos presentado solamente algunos de los avances que se han realizado en los últimos años respecto de la investigación del Paleolítico Superior. Es muy importante destacar que actualmente se han descartado los tediosos análisis descriptivos de artefactos, imponiéndose en cambio los estudios dinámicos, donde el espacio se comporta como el eje fundamental. Restos cada vez más antiguos del hombre moderno nos sorprenden continuamente y modifican los postulados de nuestra ciencia. Además, el descubrimiento de nuevos sitios con arte rupestre y mobiliar, así como los avances en los métodos de datación cada vez más eficaces y absolutos, permiten vislumbrar para un futuro cercano importantes cambios y una visión amplia con una diversidad cultural y regional.

Bibliografía

Bahn, P. G. 1998. *The Cambridge Illustrated History of Prehistoric Art*. Cambridge, Cambridge University Press.

Bahn, P. G. y Vertut, J. 1997. *Journey through the Ice Age*. Londres, Weindenfeld & Nicolson.

Binford, L. R. 1980. Willow smoke and dog's tails: Hunter-gatherer settlements systems and archaeological site formation, *American Antiquity*, núm. 45, pp. 4-20.

Bordes, F. 1961. *Typologie du Paléolithique Ancien et Moyen*. Bordeaux, Delmas.

Chase, P. 1991. Symbols and paleolithic artifacts style. Standarization and the imposition of arbitrary form, *Journal of Anthropological Archaeology*, núm. 10, pp. 193-214.

Clottes, J. 1993. Paint analyses from several Magdalenian Caves in the Ariège Region of France, *Journal of Archaeological Science*, núm. 20, pp. 223-235.

— 1996. Découvertes récentes d'art pariétal paléolithique en France. Actualité scientifique, *La Vie des Sciences*, tomo 13, núm. 1, pp. 39-52. París, Académie des Sciences.

Dennell, R. 1987. *Prehistoria económica de Europa*. Barcelona, Crítica.

Garanger, J. (comp.). 1992. *La Préhistoire dans le monde*. París, PUF Nouvelle Clio.

Julien, M. 1992. Interrogation directe et indirecte: méthodes et concepts, en Garanger, J. (comp.), *La Préhistoire dans le monde*. París, PUF Nouvelle Clio, pp. 163-193.

Leroi-Gourhan, A. 1965. *Prehistoria del arte occidental*. Barcelona, Gustavo Gili.

Leroi-Gourhan, A., Bailloud, G., Chavaillon, J. y Laming Emperaire, A. 1972. *La Prehistoria*. Barcelona, Labor.

Mithen, S. 1996. The origin of art. Natural signs, mental modularity, and visual symbolism, en Maschner, H. D. G. (comp.), *Darwinian Archaeologies*. Nueva York, Plenum Press, pp. 197-217.

Ripoll López, S. 1996. El Paleolítico Superior en Europa, Asia y África, en *Prehistoria I*. Madrid, UNED, pp. 343-406.

Robb, J. 1998. The Archaeology of symbols, *Annual Review of Anthropology*, núm. 27, pp. 329-346.

Sonneville-Bordes, D. de y Perrot, J. 1954. Lexique typologique du Paleolithique Superior. Outilage lithic, *Bulletin de la Société Préhistorique Française*, núm. 51, pp. 327-335.

Stiner, M. 2001. Thirty years on the «Broad Spectrum Revolution» and paleo-lithic demography, *Proceedings of the National Academy of Science*, núm. 98, pp. 6993-6996.

Straus, L. G. 1995. The Upper Paleolithic of Europe: An overview, *Evolutionary Anthropology*, núm. 4, pp. 4-16.

Ucko, P. J. y Rosenfeld, A. 1967. *Arte paleolítico*. Madrid, Guadarrama.

Vialou, D. 1995-1996. Redécouvrir l'art paléolithique, *L'Arquéologue, Archéolo-gie Nouvelle*, núm. 17, pp. 12-16.

BIBLIOTECA de EDUCACIÓN
SERIE TEMAS DE CÁTEDRA

OTROS TÍTULOS DE ANTROPOLOGÍA EN DISTINTAS COLECCIONES DE GEDISA